유대인은 겸손과 함께
자존심을 버리고 실천할 수 있는 능력을 가르친다

유대인들의 구약 성경에는 두 가지가 있다.
글로 쓴 성경인 '모세오경(토라)'과 구전되어 내려온 '장로의 유전'이다.
'장로의 유전'을 보존하기 위해 글로 정리한 내용에
현자들이 주석을 달아 완성한 것이 탈무드다.

IQ · EQ 박사 현용수의 유대인 자녀교육 총서
탈무드 시리즈 3

탈무드의 처세술

1판 1쇄 (동아일보, 2009년 5월 11일)
  4쇄 (동아일보, 2013년 5월 20일)
2판 1쇄 (도서출판 쉐마, 2017년 6월 10일)

저자 | 마빈 토카이어
편역자 | 현용수
펴낸곳 | 도서출판 쉐마
등록 | 2004.10.27
   제315-2006-000033호
주소 | 서울시 강서구 공항대로71길 54
   (염창동, 태진한솔아파트 상가동 3층)
전화 | 02-3662-6567
팩스 | 02-2659-6567
이메일 | shemaiqeq@naver.com
홈페이지 | http://www.shemaIQEQ.org
총판 | 한국출판협동조합(일반) 070-7116-1740
   생명의 말씀사(기독교) 02-392-4232

Copyright ⓒ 현용수(Yong Soo Hyun), 2016
본서에 실린 자료는 저자의 서면 허가 없이 복제를 금합니다.
Duplication of any forms can't be published without written permission.

ISBN 978-89-91663-78-7 04370
ISBN 978-89-91663-72-5 04370(세트)
값 15,000원

도서출판 쉐마 는 무너진 교육을 세우기 위한 대안으로
인성교육과 쉐마교육의 원리와 실제를 연구하여 보급합니다.

IQ·EQ 박사 현용수 편저 탈무드 시리즈 3

탈무드의
처세술

허리를 굽혀야 진리를 줍는다

마빈 토카이어 지음 · **현용수** 편역

쉐마

> 한국 독자들에게
> 드리는 말씀

내가 미국 공군으로 한국에서 근무할 때 가졌던 몇 년 간의 좋은 추억들을 기억합니다. 이제 존경하는 현용수 박사가 유대주의에 대한 나의 저서들을 한국말로 번역한다는 소식을 듣고 매우 기쁘게 생각합니다.

한국인과 유대인은 공통점이 매우 많은 민족입니다. 그리고 매우 비슷한 가치들을 나눌 수 있습니다. 그리고 서로 많은 것들을 배울 수 있습니다.

나는 유대주의의 이상들이 갖고 있는 정신과 유대인 역사의 교훈 그리고 유대인의 생존법이 한국인들에게 가치 있는 메시지가 되리라 믿습니다. 한국인들이 유대주의에 대해 어떻게 반응하는지 서로 메시지를 나누어 듣기를 기대합니다.

마빈 토카이어

Rabbi Marvin Tokayer
17 Gay Drive
Great Neck, NY 11024

A Personal Message from the Author

I remember so favorably my years in Korea when I was with the U.S. Air Force. I am now so honored that the Rev. Dr. Yong-Soo-Hyun will be translating my books on Judaica into the Korean language. The Korean people and the Jewish people have so much in common, and share so many similar values, and have much to be learned from each other. I trust that the spirit of Jewish ideas, and the message of Jewish history and survival, will be of value to Koreans. I look forward to receiving messages from Korea sharing reactions from the voice of the Jewish experience.

Best wishes,

Rabbi Marvin Tokayer

[LA타임스 현용수 교수
특집 보도]

Los Angeles Times

SATURDAY, JULY 13, 2002   Religion

'We have to learn the secrets of the Jews.'

The Rev. Yong-Soo Hyun

LORI SHEPLER / Los Angeles Times

The Rev. Yong-Soo Hyun, left, who has immersed himself in the study of Orthodox Judaism, meets with Rabbi Yitzchok Adlerstein at a Shabbat meal.

Taking a Cue From Jews' Survival

Culture: Minister studies Orthodox Judaism to teach Korean Americans how to educate children, help churches thrive.

By TERESA WATANABE
TIMES STAFF WRITER

The Rev. Yong-Soo Hyun says God called him to abandon a well-paying engineering career 20 years ago in favor of Christian ministry.

So what is he doing shepherding a group of Korean visitors around Southern California to attend a Shabbat dinner, an Orthodox Jewish temple and a lecture by a Jewish rabbi on how to keep children holy?

Hyun, 53, may be the biggest booster of traditional Jewish education in all of Korean America.

It is, he tells you, the antidote to the loss of cultural identity and religious grounding he has seen in successive generations of Koreans here.

So the minister now writes books, conducts tours and has even opened the Shema Education Institute to teach Koreans the Jewish "secrets of survival."

"For Korean churches to survive in America, we have to successfully pass down the word of God from generation to generation, just as Jews have done since the time of Moses," said Hyun, a short, dynamic man with an easy grin. "We have to learn the secrets of the Jews."

Hyun, who immigrated to the United States in 1975 at age 28, says he sees several parallels between Korea and Israel.

Both, he says, are small nations surrounded by large and sometimes menacing neighbors.

Both, he says, prospered when their people honored God and became imperiled when they did not. The Israeli captivity in Babylonia, he says, mirrors the Korean colonization by Japan.

His fascination with traditional Judaism was sparked 12 years ago, when he was a doctoral student at Biola University. He was studying the philosophy of Christian education and wrote a term paper comparing secular education with traditional Jewish education.

What struck him, he says, was the way Jewish education seemed to produce children who were intellectually excellent, honed through hours of Torah training and Socratic-style questioning, as well as religiously pious and morally grounded.

Traditional Jews also seemed to keep family ties strong, with fewer generation gaps than he says he found in his own community, and low divorce rates.

Persistence Pays Off

Trying to learn more about Jewish religious education, however, wasn't easy. He called the Orthodox Yeshiva University in Los Angeles but says he was told it was not open to non-Jews. He called again and was told the same thing. The third time, he said he began to argue with the rabbi on the other end:

"Why do you want to hide? God gave the Torah not just for you but also to shine for all nations. If you teach me the secrets of survival, how to keep your children holy, I will teach this to the Koreans. This will be good for you and good for God." Hyun said he told the rabbi.

There was a pause. Then the rabbi gave him the name and number of Rabbi Yitzchok Adlerstein, a professor of Jewish law at Loyola University and prominent member of the Orthodox community known for reaching out to non-Jews.

Hyun called Adlerstein, who immediately invited him to his home for Shabbat dinner. Even better, Hyun said, Adlerstein agreed to guide his research into Jewish education.

"He allowed me to attend his Talmudic teachings," Hyun said. "He invited me to all of the ritual meals—the Passover Seder, Sukkot, Rosh Hashana. I asked so many questions and he answered them all."

The Shabbat meal, in particular, left a lasting impression, Hyun says. He was moved by the way the family sang a ritual song of praise to Adlerstein's wife—a contrast, he says, with an old Korean saying that the "three dumb things" a man must not do are praise his wife, his children or himself. He was touched by the way Adlerstein blessed each of his children.

And he was impressed at the way Adlerstein taught his children the Torah, quizzing them on passages, never spoon-feeding answers but asking more questions to stimulate their critical thinking skills and creative intellects.

For his part, Adlerstein said he initially thought the idea of a Korean Christian minister wanting to learn about Orthodox Judaism seemed "a little odd."

Although traditional Jews don't believe Judaism was meant for the world—they do not proselytize and often discourage would-be converts—Adlerstein was willing to guide Hyun.

"Our attitude generally as a community is that when you're enthusiastic about God and his teachings, you have a gift that you want to share with any well-intentioned person," he said.

Armed with his experiences, Hyun was ready to try the techniques on his four sons at home. He announced that, like Adlerstein, he would no longer allow them to watch TV. Instead, three evenings a week he would teach them the Bible.

The reaction! "They rejected it all," Hyun said, laughing.

After too many nights of arguments, Hyun got them interested in Bible studies by asking them to take turns preaching. But more than the intellectual training, Hyun said, it was his ministry of Jewish expressions of family love that seemed to bring the most dramatic results.

Praise for His Wife

For the first time, Hyun says, he began praising his wife as he had seen his Jewish mentor do. He took her to Malibu at night, and strolled around the waterfront. He began washing the dishes and taking his wife on his travels. Before, he said, their marriage was characterized by "no romance—just orders" to her from him.

For the first time, he gathered his sons around to bless them. He asked God to bless them with wisdom, prosperity, leadership and the light of the gospel. "I cried, and they cried," he said.

From then on, he says, his family life dramatically improved. "Judaism showed me patience and how to lead children by wisdom and not authoritarianism. Now our family friendship has recovered."

Eager to share his experiences with other Koreans, Hyun has written a book on Jewish religious education that has sold more than 120,000 copies.

Hyun writes that Jewish fathers develop a child's IQ through Talmudic teachings, while mothers nurture their "EQ," or emotional quotient, with their maternal love—a thesis Adlerstein himself rejects in favor of viewing both parents as responsible for nurturing both aspects.

Experiencing Judaism

Hyun also figures he's reached 300,000 other Koreans in lectures on Jewish education at various seminars and conferences around the world.

And he says he has brought at least 150 people to Los Angeles to experience traditional Judaism firsthand in visits to synagogues and Friday night Shabbat dinners.

During one recent tour, Hyun led a group into the Beth Jacob congregation on Olympic Boulevard, wearing a traditional Korean jacket and a Jewish yarmulke.

After Sabbath prayers, Rabbi Shimon Kraft fielded a stream of lively questions: Why do you wear a head covering? Why do you wear a beard? Why kiss the door? Why do men shake when they pray? Why do you have two pulpits? Do you evangelize?"

Finally, someone asked: "We've learned about Jews, but what do you think about Koreans?"

Kraft gave the crowd a broad smile.

"They are bright, hard-working, studious—just like Jewish people," he said. "We seem to share a lot of the same values."

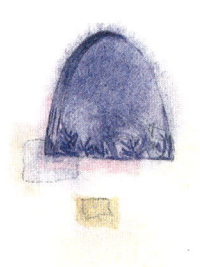

차례

- 한국 독자들에게 드리는 말씀 · 8
- 〈LA타임스〉 현용수 교수 특집 보도 원문 · 10
- 편역자의 말
  유대인의 성경적 삶 · 12
- 저자의 말
  유대인의 척추 · 16

제1장

Talmud 배움이란

어느 랍비의 유서 · 56 _ 지붕 위에서 공부한 랍비 힐렐 · 57
배움의 태도 · 60 _ 지식보다 지혜 · 62 _ 배움은 통찰력을 기르는 것 · 68
학식은 시계와 같다 · 71 _ 두 종류의 교육 · 73
남을 뛰어넘지 말고 자신을 뛰어넘어라 · 78
부모가 자식에게 주어야 할 것 · 83 _ 부모와 교사는 하나님과 같다 · 85

제2장 균형 감각 — Talmud

돈과 성은 더러운 것이 아니다 · 90 _ 삶의 기쁨을 추구하는 종교 · 93
사해처럼 저장만 해서는 안 된다 · 95 _ 사흘에 한 번 마시는 술은 금이다 · 98
시간은 생명 · 103 _ 감정은 시간의 시련을 견뎌 내지 못한다 · 108
지나치게 즐기면 생명을 잃는다 · 111 _ 잡초와 녹의 고마움 · 115
실패를 기념하라 · 119 _ 타협의 조건 · 125

제3장 사랑이란 — Talmud

사랑은 잼이다 · 132 _ 진정한 남녀 평등 · 134
질투는 천 개의 눈을 가졌다 · 143 _ 하나님은 결혼 중매인 · 146
조혼의 함정 · 150

제4장 웃음과 기지

모자와 도둑 찾기 · 158 _ 유머는 강력한 무기 · 161
세 개의 관문 · 167 _ 인간의 가치와 비밀 · 172
죽을 때까지 조크를 · 174 _ 자기 집 뜰을 파라 · 177

제5장 어리석음

자만심은 어리석음과 통한다 · 184 _ 가장 어리석은 결정 · 187
날개 사용법을 모르는 새 · 191 _ 말이 많으면…… 194
'기도한다'는 것은 자신을 저울에 달아 보는 일이다 · 200
말보다 듣기를 두 배로 · 204 _ 인생에 정해진 레일은 없다 · 208
약점을 인정하라 · 213
인간은 허영이라는 바다에 사는 물고기 · 218
겸손을 자랑하지 마라 · 226

제6장 삶에 대하여

갈대처럼 산다 · 232 _ 무엇을 위해 달려가는가 · 234
휴일은 자신을 해방하는 날 236 _ 사람을 재는 자 · 243
금속의 안 · 246 _ 개와 놀면 이가 옮는다 · 249 _ 솔선수범의 의미 · 251
이웃의 아픔을 공감하라 · 256 _ 근면의 습관 · 258
인생은 두 번 살 수 없다 · 263 _ 개성은 그 사람의 매력 · 265

제7장 죄와의 대결

향유보다 선행이 낫다 · 270 _ 한 사람 한 사람 촛불을 들어라 · 272
도덕은 타인에 대한 동정 · 276 _ '노'라고 말할 용기 · 278
불공정한 시합 · 282 _ 명성을 붙잡는 사람, 명성에 붙잡히는 사람 · 284
자기 죄를 남에게 전가하지 마라 · 286 _ 작은 부속품 하나 · 292
과욕의 결과 · 294 _ 충고 · 297

> 편역자의 말
> 탈무드의 처세술(탈무드 제3권)을 펴내면서

유대인의 성경적 삶

　　　　　　　세계인 모두가 유대인은 독특한 민족이라고 말한다. 독특하다는 것은 다른 민족들과 다르다는 뜻이다. 그들은 상식을 벗어나 남과 구별된 행동을 많이 한다. 히브리 어로 '구별'은 바로 '거룩(카디쉬)'을 뜻한다. 따라서 그들은 구별된 거룩한 백성이다.

　유대인의 사고의 틀은 어떻게 다른가? 왜 다른가? 그들의 사고의 틀은 구약 성경에서 나왔다. 그렇다면 천주교, 기독교, 이슬람교도 구약 성경을 믿는데 왜 유대인은 그들과 다르게 사고하는가? 사고의 틀에서 내용적 차이는 무엇인가? 그 답이 이 책에 있다. **편역자 주** 편역자가 유대인을 너무 좋게만 평가한다고 생각하는 이들도 있을 것이다. 그러나 편역자가 언급하는 것은 어디까지나 성경의 가치관에 따라 사는 유대인이며, 성경대로 살지 않는 유대인은 이에 해당하지 않는다. 물론 그들 중에는 성경대로 살지 않는 악한 유대인도 있다.

유대인들은 구약 성경을 해석할 때 탈무드에 근거를 둔다는 점에서 다른 종교와 차이가 있다. 유대인의 사고의 틀이 형성된 배경에 대해서는 뒤에 나오는 저자의 말 '유대인의 척추(머리말을 대신하여)'라는 제목의 글에서 밝혀 놓았다.

그러한 사고의 틀에 따라 행동하는 것이 유대인의 처세술이다. 그들은 "허리를 굽혀야 진리를 줍는다."고 가르친다. 물론 겸손은 다른 민족도 가르친다. 그러나 유대인이 타민족들과 다른 점은, 겸손을 가르칠 뿐만 아니라 자존심을 버리고 실천할 수 있는 능력도 함께 가르친다는 점이다.

또한 유대인은 매사에 정확하고 구체적인 답을 가지고 생각하며 행동한다. 가령 왜 하나의 생명이 천하보다 귀한가? 하나의 생명을 죽이면 왜 온 인류를 죽이는 것과 같은가? 현대인에게 진정한 휴식이란 무엇인가? 유대인은 이에 대한 구체적인 답을 가지고 있다.

유대인은 나라 없이 2천여 년 동안 전 세계에 흩어져 살았는데 어떻게 오늘날까지 생존할 수 있었는가? 그것은 자신들의 수직문화를 자손 대대로 전수하는 데 성공했기 때문이다. 그들의 수직문화는 바로 그들의 정체성이고, 그 정체성은 구약 성경과 탈무드에서 나왔다. 그래서 이 책에서 유대인은 문화를 지니고 다녔다고 말한다(42쪽 참조).

편역자 주 수직문화에 관해서는 편역자의 저서 《현용수의 인성교육 노하우》 (동아일보, 2008) 제1권 제2부 참조.

이 책은 유대인의 생활방식은 왜 다른지 그 속내를 보여 준다. 일평생 탈무드를 연구해 온 저자 마빈 토카이어는 유대인이 생각하는 '배움'(제1장), '균형 감각'(제2장), '사랑'(제3장), '웃음과 기지'(제4장), '어리석음'(제5장), '삶'(제6장), '죄와의 대결'(제7장)에 대하여 구체적으로 설명한다.

이것은 성경의 근본 생활방식을 이해하는 데 큰 도움을

준다. 물론 이는 유대인이 성공적인 삶을 영위하게 된 근본 철학이며 지혜이기도 하다. 한 주제씩 생각하며 읽을 때 유대인의 생활방식에 대한 비밀이 풀릴 것이다.

"아, 그래서 그들이 이렇게 행동하는구나!"

당신과 자녀들이 이를 실천하면서 놀라울 만큼 성공적인 삶의 변화가 오기를 기원한다.

2009년 1월 미국 Los Angeles
쉐마교육연구원에서
현용수

[저자의 말
머리말을 대신하여]

유대인의 척추

토라와 탈무드

토라는 히브리 어로 구약 성경에서 첫머리 다섯 권의 책을 말한다. '원칙' 또는 '가르침' 이라는 의미다. 토라는 '모세의 책' 이라고도 불리며 창세기, 출애굽기, 레위기, 민수기, 신명기 다섯 권으로 이루어져 있다. 그러나 '토라' 라는 말이 반드시 성경 첫머리 다섯 권만을 의미하는 것은 아니다.

유대인들은 회당(집회소)에 놓여 있는 두루마리 필사본

(筆寫本) 성경 다섯 권을 토라라고 부른다. **편역자 주** 유대인은 아직도 회당에서 사용하는 모세오경은 조상들이 쓰던 방법대로 서기관이 양피지에 붓으로 베낀 필사본 두루마리 성경을 사용한다. 또 단순히 하나님의 거룩한 가르침을 의미하기도 한다. 그리고 유대인의 율법 전체를 토라라고 부를 수도 있다. 또 토라는 유대교의 가르침에 따라 사는 것을 의미하기도 한다. 토라는 유대인이 신념을 가진 민족임을 말해 준다.

그러면 유대교와 유대인의 사상을 집대성한 탈무드에 대해 알아 보자. 유대교가 보통 종교의 개념과는 차이가 있듯이 탈무드도 단순한 책의 개념과는 차이가 있다. 이슬람교나 그리스도교의 경우 고정된 가르침[교리, 곧 성전(聖典)]이 있지만, 토라나 탈무드는 고정되고 완성된 가르침(교리)이 아니다.

탈무드의 경우를 보자. 탈무드는 성경이 아닐뿐더러 보통의 개념으로 보는 책도 아니다. 탈무드가 무엇이냐에 대한 가장 적절한 설명은 '종교·법률·철학·도덕에 관한 심포지엄'이며, 그 심포지엄이 1200년 이상 중단 없이 이어져 오고 있다는 것이다. 이를 기록하여 정리한 것이 바로 탈무드다.

탈무드라는 말은 '연구'라는 의미를 지니고 있다. 지금으로부터 1200년 전에 편찬이 시작되어 현재까지 63권의 책으로 이루어져 있다. 엄청난 분량임에도 아직까지 끝이 나지 않았다. 즉 '오픈 엔드(open end)'의 책이다. 그 시대에 따라 새로운 말, 새로운 견해가 첨가된다. 이는 연구와 학습에 끝이 없음을 상징적으로 보여 준다.

1200년 동안 2천 명 이상의 랍비들이 토론에 참가해 유대교를 해석하고 있다. 랍비는 학문을 쌓은 사람들이며 지역 사회의 지도자이기도 하다. 흔히 랍비를 목사로 번역하나 이것으로는 불충분하다. 지역 사회(커뮤니티)의 자문역, 곧 카운슬러이며, 재판관이며, 성인이나 어린아이들의 교사이기도 하다. 그런데 1200년의 토론 속에는 의식의 진행 방법부터 일상생활에서 일어나는 온갖 문제들까지 다루어지고 있다.

유대 세계를 제외한 어떠한 세계에서도 탈무드와 같은 책은 존재하지 않는다. 이것은 유대인이 얼마나 독특한 민족인가를 보여 주는 것이다. 예를 들어 탈무드의 테마 가운데에는 천문학부터 소변 보는 방법까지 있다. 즉 어떤 자리에서라도 화장실에 가고 싶으면 곧 일어서라고 가르친다. 그리고 이집트 콩을 어떤 토양에 어떻게 심으면 좋다라든가, 남녀가 개울을 건널 때 남자는 여자의 뒤쪽에 서면 안 된다고 가르친다. 왜냐하면 물을 건너기 위해 여자가 치마를 걷어올릴 때 뒤에 선 남자가 부정한 생각을 갖게 될 수도 있기 때문이라고 실질적인 주의까지 하고 있다.

아무튼 탈무드에는 인간에 관한 모든 것이 담겨 있다. 흔히 탈무드를 율법이라고 번역하는데 법률집은 물론 아니다. 그렇다고 해서 체계적인 지식을 가르치는 책도 아니다. 한 마디로 탈무드는 토론집이다. 그래서 탈무드가 무엇이냐고 묻는다면, 탈무드는 탈무드라고 대답하는 것이 가장 올바른 대답일 것이다.

성경의 5서(모세오경: 창세기, 출애굽기, 레위기, 민수기, 신명기)에는 두 가지 클라이맥스가 있다. 하나는 하나님이 세계를 창조해 냈다는 창세기이며, 또 하나는 시내 산에서 하나님이 모세에게 가르침(십계명)을 내려 주셨다는 부분이다.

창조의 행위는 예술에 속한다. 하나님이 여기에서 완성

된 것을 만들었기 때문에 인간이 개입할 여지가 없다. 예를 들면 하나님이 "빛이 있으라"고 하시면 빛이 만들어졌고, 그리고 하나님이 "빛을 보니 좋았더라" 하신 것처럼 하나님은 일방적으로 여러 가지 창조 행위를 실행하셨다. 하나님의 위대한 힘에 의해 빛과 어둠이 나누어지고, 하늘과 땅으로 나누어졌다. 여기에서 하나님의 말은 독백과도 같은 것으로서 하나님이 대답을 구하려고 하는 것이 아니었다.

창세기를 읽으면 인간은 창조의 중심이 아니며, 하나님이 온갖 것을 다 만드셨는데 그 중 하나가 인간일 뿐이다. 그런데 시내 산에서 하나님은 인간에게 십계명을 주신다. 이 십계명의 가르침은 인간이 이해할 수 있도록 뚜렷한 목적을 가진 말씀이다.

여기서 비로소 하나님과 인간 사이의 계약(언약)이 생겨난다. 하나님이 시내 산에서 말씀하신 배경에는 이스라엘 백성이 이집트에서 여러 가지 고통을 받고 있다는 호소에 귀를 기울이신 것이다. 이것으로 하나님과 인간 사이에 첫 대화가 시작되었다고 해도 좋다.

후세의 랍비들은 하나님이 시내 산에서 인간에게 가르침을 주신 것이 교사의 모범이라고 생각했다. 즉 교사는 학생들의 말에 귀를 기울이지 않으면 안 되며, 또 학생들이 이해할 수 있도록 이야기해야 한다는 것이다. 이로부터 한 가지 교훈이 나온다. 곧 가르친다는 것은 일방적으로 교사가 가르치고 학생이 그것을 그대로 받아들여 익히는 것이 아니다. 유대의 전통 속에는 가르치는 방법과 배우는 방법이 중요한 위치를 차지한다.

유대인은 날마다 '비어카트 하토라(Birkat HaTorah)'라고 하는 기도문을 외우는데, 여기에는 하나님이 '이스라엘 사람들에게 토라를 가르치는 교사'라는 뜻이 포함되어 있다. 하나님이 우수한 교사임은 두말할 나위 없다.

가르치는 방법과 배우는 방법은 유대의 전통 가운데에서도 가장 기본이 되는 것으로, 이 사실을 이해하지 못하면 유대인의 전통을 파악할 수가 없다.

유대 사회에서는 토라를 연구하는 것이 곧 하나님께 기도하는 것이라고 한다. 창세기의 창조 행위와 시내 산에서 있었던 사건의 차이를 이해하지 못하면 그 의미를 파악할 수 없을 것이다.

다시 한 번 성경으로 돌아가 보자. 창세기에서 하나님은 "-여, 있으라"라고 말함으로써 자유로이 여러 가지 것을 만드신다. 그리고 맨 나중에 인간을 하나님의 모습과 닮게 창조하신다.

그 다음 하나님은 인류가 저지른 많은 잘못을 벌하신다. 예를 들어 몇 세대에 걸친 인간의 부패를 보고 진노한 하나님이 대홍수를 일으키신다. 이때 하나님이 창조한 만물이 멸망을 당한다. 인간이 도덕적으로 하나님의 기대에 어긋날 때에 무서운 벌을 받게 됨을 말하고 있다.

그러나 하나님은 인간의 현실을 이해하고 거기에 적합한 조치를 취하신다. 예를 들면 시내 산에서 하나님은 인간의 불완전성 내지는 허약성을 이해하고 인간과 대화를 시작하신다는 감동적인 사실로 나타난다.

출애굽기에서 하나님은 "너희가 내게 대하여 제사장 나라가 되며 거룩한 백성이 되리라. 너는 이 말을 이스라엘 자손에게 고할찌니라"(출 19:6)고 말씀하셨다.

토라가 사막 한가운데서 주어졌다는 것은 상징적인 의

미가 있다. 인간에게 불모의 땅인 사막에서 하나님과 인간의 대화가 이루어진다. 음식물도 물도 없다. 사람들은 "우리는 더 이상 이와 같은 고통스러운 자유를 견딜 수 없습니다. 도로 이집트에 데려다 주십시오."라고 호소한다.

그러자 하나님은 사막을 여행하는 이스라엘 백성들을 위해 하늘로부터 '만나'라는 빵을 내려주어 사람들에게 굶주림을 채우게 하신다. 하나님을 믿고 날마다 하루치씩 주워 모으라고 말하지만 사람들은 그렇게 하지 않았다. 그들은 내일을 걱정하여 이틀치를 줍는다. 금요일은 안식일이므로 원래는 만나를 줍는 일을 해서는 안 된다. 그러나 사람들은 불안에 휩싸여 만나를 줍는다. 그러나 하나님은 노하지 않으셨다. 인간의 나약함을 이해하셨기 때문이다.

토라가 인간의 언어로 쓰였다는 것은 하나님이 인간과 대화를 시작했음을 뜻한다. 이것은 하나님이 인간을 완전한 존재로 인정하지 않고 하늘의 율법을 가르치겠다는 의지를 나타낸다. 그러므로 토라는 하나님과 인간을 구분하고 약한 인간을 교육하여 올바른 길을 걷게 하기 위해 만들어진 인간 교육서인 것이다.

그래서 탈무드를 공부하는 사람은 '미쉬나(탈무드의 기본이 되는 성경 연구서)'의 첫머리를 읽고 실망하는 경우가 많다. 미쉬나는 이렇게 시작한다.

두 사람이 한 벌의 옷을 가지고 다투고 있다. 한 사람이 "이건 내 옷이다." 하고 버티고, 다른 한 사람도 "아니야, 이건 내 옷이야." 하고 말하며 입씨름을 하고 있다.

만일 일반적인 종교의 가르침이라면 어느 한 사람이 "제발, 당신이 필요하다면 가지고 가세요."라고 했다고 썼을 것이다. 그러나 미쉬나는 두 사람이 한 벌의 옷을 가지고 다투는 이야기로 시작한다. 거기서 미쉬나는 인간 세상에는 다툼이 끊이지 않는다는 것을 보여 준다. 인간은 불완전한 존재이며 아직 미완성의 존재인 것이다. 완성되지 않았기 때문에 사람들은 창조 행위를 계속할 의무를 가지고 있다고 생각한다.

예시바(유대인의 탈무드 학교)에 가면 사람들이 몸을 흔들면서 노래를 부르듯 토라를 읽는 모습을 볼 수 있다. 모르는 사람들은 이들이 기도하고 있는 것으로 착각하나 그들은 지적 사색에 잠겨 있는 것이다.

▎유대인은 학교 수업 시간의 70%를 인성교육(성경 공부)에 할애하지만, 그들은 세계에서 머리가 된다. 투철한 정신적 신본주의 사상이 있기 때문이다. 사상이 없는 민족은 일시적으로 흥할 수는 있으나 곧 망한다. 사진은 정통파 유대인 중·고등학교 학생들이 기도 시간에 토라를 높이 들고 회중 사이를 한 바퀴 도는 모습.

유대인들은 토라를 배울 때에 권위로 압도하여 생각을 마비시켜 버리는 것을 가장 강력히 경계한다. 자기 나름대로 이해하고 되씹으며 자신의 해석을 첨가시켜야만 한다. 그러므로 제 아무리 원문을 암송했다고 할지라도 그것만으로는 토라를 배우는 학생이라고 말할 수 없다.

입시 공부도 마찬가지다. 학문이란 배우는 것만이 아니고, 그 배운 것을 소재로 스스로 새로운 것을 창조해 가는 것이다. 또한 학문은 한 사람의 교사를 만드는 것이 아니며, 한 사람을 복사해서 똑같은 인간으로 만드는 것도 아니다. 학문은 새로운 인간을 만들기 위해 있는 것이다. 그런 가운데에서 세계가 발전한다고 생각한다. 그러므로 권위는 중요하지만 맹종해서는 안 된다.

아담은 전 세계

최초의 인간인 아담은 흙으로 만들어졌다고 창세기에 쓰여 있다. 아담은 '아다마(흙덩이)'라는 뜻이다. 옛날에 랍비들은 어째서 하나님이 맨 처음 여러 사람을 만들지 않고 오직 한 사람으로 인류를 시작했을까 하는 문제에 관해 많은 논쟁을 벌였다.

탈무드의 현자들이 찾아낸 대답은 "한 사람의 생명을 빼앗는 것은 전 인류를 죽이는 것과 마찬가지라는 사실을 하나님이 가르치기 위해서였다."라는 것이다. 다시 말해 한 사람의 생명을 구하는 일이 전 인류를 구하는 것과 같다는 말이다. 한 사람을 중요하게 여기는 것은 전 세계를 중요하게 여기는 것과 같다.

탈무드에는 다음과 같은 이야기도 실려 있다.

어째서 하나님은 최초로 오직 한 사람을 만들었을까? 그것은 누구나 자신의 혈통이 상대의 혈통보다 낫다고 말하지 못하게 하기 위해서다. 조상을 더듬어 올라가면 최후에는 오직 한 사람의 선조에 이른다. 그러므로 어느 민족이 어느 민족보다 우수하다고 말할 수 없다. 모두 한 사람인 아담으로부터 생겨났기 때문이다.

또 탈무드에서 아담의 머리는 에덴동산(낙원)의 흙으로, 그의 몸은 바빌로니아의 흙으로, 그의 발은 전 세계의 흙을 모아서 만들었다고 한다.

그리스 시대에 유대인은 그리스 어를 사용하여 이와 같이 설명했다. 아담이라는 말은 네 개의 그리스 어로 성립된다. ADAM에서 A는 그리스 어로 아나토레(東), D는 디시스(西), A는 아루크토스(北), M은 메세부리아(南)라는 머리글자를 딴 것이다. 요컨대 인간은 세계적인 존재임을 가르치고 있다.

유대인의 말은 아니지만 영어에서 '뉴스'의 어원을 살펴보면, N은 North(北), E는 East(東), W는 West(西), S는 South(南)로, 전 세계 요소들이 모여 뉴스가 됐다고 하는 것과 같은 발상이다.

탈무드에는 아담에 대해 이런 이야기가 실려 있다. 아담은 아름다운 육체를 갖고 있었다. 죄를 범하고 더러워지기 전까지는 빛을 옷 삼아 휘감고 있었다고 한다. 죄를 범한 뒤 아담은 아름다운 옷을 버려야 했다. 창세기에 의하면 아담과 이브는 하나님이 먹지 말라고 한 금단의 나무 열매를 먹고 에덴에서 쫓겨났다. 이것이 인간이 범한 원죄라고 한다.

그런데 이들이 훔쳐 먹은 것이 바로 지식의 나무 열매였다. 뱀은 이브에게 이렇게 유혹하며 과실을 먹으라고 권한다.

너희가 그것을 먹는 날에는 너희 눈이 밝아 하나님과 같

이 되어 선악을 알 줄을 하나님이 아심이니라. (창 3:5)

인간은 지식을 얻은 대신 방황하게 되었다. 그 때문에 인간은 오늘도 이 무거운 짐을 짊어지고 살아간다. 또 유대 사회에서 옛날부터 전해 내려오는 말에 따르면 "하늘과 땅이 서로 질투가 심해지자 하나님이 대지로부터 인간의 육체를 만들고, 하늘로부터 혼을 만들었다. 그리고 만일 아담이 잠들지 않았더라면 아내를 가질 수 없었을 것이다."라고 인간적인 해석을 한다. 확실히 이브는 아담이 깊이 잠들어 있는 동안 하나님이 그의 갈비뼈 한 개를 뽑아서 만들었으므로, 아담이 잠을 자지 않았더라면 이브는 생겨나지 않았을 것이다.

그런데 탈무드에는 성경에서 볼 수 없는 에피소드가 기록되어 있다.

처음에 태양이 가라앉고 대지가 암흑에 둘러싸이자 아담은 공포를 느꼈다. 하나님이 불쌍히 생각하여 아담에게 두 개의 돌을 주었다. '어둠'과 '죽음의 그림자'라는

이름의 돌이었다. 하나님이 두 개의 돌을 문질러 합치라고 가르쳤다. 아담이 돌을 문지르자 불이 생겨났다.

아무튼 인류의 선조는 오직 한 사람이다. 그렇다면 낙원에 있던 아담에 대해 여러 가지 상상을 해 보는 것도 즐거운 일이며, 많은 교훈을 찾아내는 일이기도 하다. 독자 여러분도 각자 상상의 날개를 달고 생각해 보면 어떨는지?

모세는 하나님이 아니다

모세는 모든 유대인을 대표하는 인물이다. 유월절(passover)은 유대 민족이 이집트로부터 해방된 것을 축하하는 날이다. 이날은 모세의 정신이 사람들 위에 머무르는 날이다. 모세는 이집트의 포로가 되어 노예 생활을 하던 이스라엘 민족을 거느리고 새로운 팔레스타인(가나안) 땅으로 이끌어 낸 지도자다. 편역자 주 유대인의 유월절은 히브리 어로 '페사하(Phesha)'라고 하는데 특별히 마지막 ha에 액센트가 있다. 유대인의 유월절에 관한 더 자세한 내용은 편역자의 저서 《잃어버린 지상명령 쉐마》(쉐마, 2006) 제3부 제3장 II. 1. '유월절' 참조.

그러나 유월절에 모세의 이름은 한 번밖에 불리지 않는다. 왜냐하면 유대의 전통에서 모세도 한 명의 인간이므로 그를 포함하여 특정인을 높은 지위에 두는 것을 꺼려하기 때문이다.

곧 한 인간을 신격화하는 것은 유대인의 전통에서 벗어나는 일이다. 물론 유대인들은 뛰어난 지도자에게 경의를 표한다. 그러나 그 사람을 절대자로 섬기는 일은 없다. 절대자는 그들의 유일신(여호와)밖에 없다.

그래서 모든 시대에 걸쳐 랍비들은 모세를 위대하고 걸출한 인물로 보아 왔지만 인간을 초월한 신격으로 인정하는 것을 거부했다. 그러나 모세는 모든 이스라엘 인을 대표한다. "모세를 모든 이스라엘 인들 속에 머물게 하고 있다."고 한 탈무드의 말은, 이스라엘의 하나님이 모세를 만들었다는 뜻이다.

제 아무리 위대한 지도자라도 혼자는 존재할 수 없다. 그를 둘러싸고 있는 사람들에 의해서 만들어지기 때문이다. 다른 민족의 경우도 마찬가지다. 역사적으로 뛰어난 사람을 보면, 그 시대에 어떤 사람들이 어떻게 살아 왔는가를 알 수가 있다. 지도자는 사람들의 모습을 비춰 주는 거울과도 같기 때문이다. 그래서 탈무드에 "모세는 그 시대 유대인들 중에서 터진 불꽃과 같은 존재였다.'고 쓰여 있다.

우수한 지도자는 우수한 민족과 한 세트를 이룬다. 지도자는 사람들을 이용해 자신을 표현하고, 사람들도 지도자를 통해서 자신을 표현한다. 그러므로 아랫사람은 지도자에 대해 불평하기 전에 거울에 자신의 모습부터 비춰 보아야 한다.

지도자는 사람들의 일부다. 그러므로 초인적이고 하나님과 같은 지도자는 존재할 수 없다. 역사에서 보더라도 히틀러를 비롯하여 스탈린, 마오쩌둥과 같은 독재자들은 권력을 장악하고 있는 동안에는 과오가 없는 위대한 지도자라고 칭송을 받았다. 그러나 그들이 권력을 잃고 세상을 떠난 뒤에는 판이한 평가가 나왔다. 오히려 앞서의 칭송은 한때 사람들이 병적인 열병에 들떠 한 것이라고밖에는 설명이 되질 않는다. 그러나 유대인은 모세의 시대로부터 어떠한 인간이든지 불완전하다는 사실을 알고 있었다.

모세는 유대인 역사에서 가장 위대한 지도자다. 그러나 성경을 읽어 보면 모세는 이스라엘 백성을 이집트로부터 구출해 내서 팔레스타인 땅에 도착하기까지 항상 바위 위에 앉아 있었다. 사람들에게 들려 가마를 타는 법이 없었다. 유대인의 전통에서 지도자도 보통 사람들과 다를 바 없다.

그 후 유대인은 모세의 상을 만들거나 그 모습을 그림으로 그려서 남기거나, 따로 경배하는 일을 하지 않았다. 왜냐하면 유대교에서는 우상 숭배를 엄격히 금지하고 있기 때문이다. 성경에서 아브라함을 최초의 유대인이라고 한 것은, 우상을 파괴하고 유일신을 믿게 된 최초의 인간이기 때문임을 기억해야 할 것이다.

절대적인 권위는 하나님에게밖에 없으며, 하나님과 같은 인간은 있을 수 없다. 그러므로 유대인만큼 하나님 앞에서 평등을 믿어 온 민족은 없었다. 그래서 허영을 혐오했고, 권위에 아첨하는 자는 경멸했다.

오늘날에도 이스라엘 대통령이나 총리를 비롯한 각료

들은 유대인들끼리 있을 때는 넥타이를 매지 않는다. 그들은 외국인과 만날 때에만 넥타이를 매고 정장을 한다.

구세주는 언제 나타날까

"메시아(구세주)가 올 때 병든 자는 나음을 받으리라. 그러나 어리석은 자는 어리석은 대로 남아 있으리라."

탈무드에 나오는 말이다. 동양에도 이와 비슷한 속담이 있다. "어리석은 자는 죽어도 병이 낫지 못한다." 메시아(구세주)가 나타날 때에는 어리석은 자 이외에는 모두 구원받고, 병을 치료받는다고 한다. 곧 구세주는 만능인 것이다.

메시아라는 말은 히브리 어의 '하마시아'에서 나온 말이다. '하마시아'는 '향유(기름)의 세례를 받은 자'라는 뜻이다. 히브리 어의 '하마시아'가 그리스 발음으로 '메시아'가 되고, 그리스 말로 번역하면 '크리스토스(χριστός, christos)'가 된다. 그리스도라는 이름은 여기에서 유래했다. 그리고 특별히 하나님으로부터 향유 세례를 받은 자는 구세주라는 의미를 지닌다. 구약 성경에서는 메시아라는 신분이 왕이나 제사장들에게 내려졌다. 이는 하나님에 의해 거룩한 향유의 세례를 받음으로써 그러한 높은 지위에 임명되었기 때문이다.

얼마 후에 메시아는 예언자, 선지자, 하나님에 의해 특별한 임무를 부여받은 자라고 불렸다. 메시아란 압정 아래서 혹은 고난 속에서 허덕이는 유대인을 해방시키는 자를 부르는 말이다. 고난의 삶을 살아온 유대인들은 해방자(메시아)가 오심을 학수고대했다. 이 해방자는 유대 왕국을 재건할 것이다. 메시아는 최후의 심판의 날 하나님이 지상 왕국을 만들기 전에 인류를 구제하기 위해 찾아 올 구세주를 가리킨다. 구약 성경에서 예를 들면 사울, 다윗, 에스겔(Yehezkel)로부터 페르시아의 코레쉬[Koresh/Cyrus(英), 바사 왕 고레스]까지의 왕들을 메시아라고 불렀다.

이와 같이 메시아라는 말은 시대에 따라 변했다. 어쨌든 유대 사회에서는 메시아 신앙이 아주 강력한 힘을 지녀왔다. 그래서 역사를 통해 질병·기아·박해·추방 등의

재앙이 닥칠 때마다 유대인들은 성경을 펴 놓고 언제 메시아가 나타나는가, 성경 속에 숨겨진 말은 없는가 하고 해결책을 찾았다. 그러므로 경건한 신비주의자나 천문학자, 비법가 가운데에는 인류를 하나님의 왕국으로 안내해 줄 메시아가 언제 나타날지 정확한 날짜와 시간까지 예언한 사람도 있다.

메시아 신앙은 유대인에게 큰 힘이 되어 왔다. 마찬가지로 그리스도교도 이 메시아 신앙을 이어받았다. 언젠가 지상에 완전한 세계가 출연한다는 신앙이다. 마르크스도 유대인이었기 때문에 지상 천국의 유토피아 사상으로부터 많은 영향을 받았다.

언젠가 지상 천국이 이 땅 위에 나타난다고 하는 신앙과, 성경의 창세기 가운데에서 하나님이 인간에게 '보다 나은 세계를 창조해 내도록' 명령한 것이 역사를 통해서 유대인의 가슴속에 지주가 되어 온 것이 사실이지만, 오늘날에는 유대인 중에서도 언젠가 지상 천국이 도래하리라고 믿는 사람은 많지 않을 것이다.

근세에 들어 하나님의 존재를 믿지 않고, 미신을 부정

하는 현대인들조차 사고방식에서 자연과의 공존이라든가 유일신이 아니라 많은 신들이 존재한다는 정령 숭배 사상의 영향을 강하게 받고 있듯이, 유대인들에게는 전통에 따라 메시아 사상이 뿌리박혀 있다.

도대체 구세주는 언제 나타날 것인가? 내일일까, 모레일까? 그것은 아무도 모른다. 그러므로 구세주가 언제 나타나도 괜찮도록 날마다 스스로 향상시키려는 노력을 해야 한다. 구세주가 찾아오는 것은 최후의 날이다.

당신에게도 언제 최후의 날이 찾아올지 모른다. 그렇다면 하루하루가 최후의 날이라고 생각하고 살아야 할 것이다. 유대교에서는 최초의 날과 최후의 날이 가장 중요하다고 생각한다. 그리고 인간에게는 매일이 최초의 날이다. 왜냐하면 오늘부터 새로운 창조를 시작할 수 있기 때문이다.

탈무드는 "오늘은 최초의 날인 동시에 최후의 날이다. 현재를 열심히 살아갈 수밖에 없다."라고 가르치고 있다. 이만큼 현재를 아름다운 말로 표현한 것은 없을 것이다.

제2의 모세, 마이모니데스

모제스 벤 마이몬(마이모니데스)은 1135년 스페인 코르도바에서 태어났다. 아랍의 학자들에 의해 널리 알려졌고, 그들의 문헌에는 아부 이무란 무사 벤 마이맘 이븐 압둘라라는 긴 이름으로 등장한다.

마이모니데스는 유대 민족의 역사에서 뛰어난 사상가이며 더러는 제2의 모세라고도 불린다. 마이모니데스는 부친 마이몬 벤 요셉에 의해 랍비처럼 교육을 받았다. 어려서는 아랍인 학자 밑에서 당시 알려진 모든 분야의 학문을 공부했다. 그러나 코르도바가 이슬람의 광신적인 종파인 아르모하데스에 의해 공격을 당하자, 함락되기 직전 마이모니데스 일가는 도망쳐서 12년 동안 방랑 생활을 했다. 모로코의 페즈(fez)에서는 한때 이슬람교도로 살았다. 그러나 마이모니데스는 결코 유대의 전통을 버리지 않았고 이 때문에 이슬람교도들로부터 박해를 받아 가까스로 처형을 면하는 일조차 있었다.

그 후 마이모니데스는 이집트로 옮겨가 예루살렘으로

갔다. 당시 예루살렘은 십자군의 영향 아래 있어서 다시 포스타트라 불리던 카이로에 정착했다. 여기서 마이모니데스는 의사가 되기 위한 공부에 온 힘을 쏟았고 결국 술탄 살라딘의 시의(侍醫)가 되었다.

시의로 일하면서 마이모니데스는 카이로에 사는 유대인들의 지적 지도자로 활약했다. 1204년 세상을 떠날 때까지 철학, 법률, 탈무드 율령, 천문학, 약학 등에 대한 많은 기록을 남겼다. 그 중에는 유대의 명언으로 오늘날까지 전해지는 말도 많다. 마이모니데스는 이렇게 말했다.

"만약 내가 가르치는 것이 단 한 사람을 기쁘게 하고 1만 명을 화나게 만든다면, 나는 단 한 사람을 기쁘게 하는 쪽을 선택할 것이다."

이것은 진리를 추구하는 자의 엄격함을 잘 나타내 준다.

"지식의 추구, 정의에 대한 열렬한 사랑, 개인적 자립은 유대 민족의 전통이며, 나는 이와 같은 별 아래 태어난 것을 감사하고 있다."(알버트 아인슈타인 '내가 본 세계'에서).

허리를 굽혀야 진리를 줍는다

인간은 겸손해야 한다. 하시디즘의 창시자인 이스라엘의 벤 엘리젤(바알 셈 토푸)은 이와 같은 말을 남겼다.

어느 날 한 제자가 물었다.

"선생님, 진리라는 것은 어디에나 있다고 말씀하시는데, 그러면 길바닥에 떨어져 있는 자갈처럼 흔해 빠진 것입니까?"

바알 셈 토푸는 대답했다.

"그 말이 옳다. 그러므로 누구라도 주울 수가 있느니라."

"그런데 어째서 사람들은 줍지 않는 것입니까?"

그러자 바알 셈 토푸는 이렇게 대답했다.

"진리라는 돌멩이를 줍기 위해선 몸을 굽히지 않으면 안 된다. 그런데 문제는 사람들이 진리를 줍기 위해 허리를 굽히지 않는다는 것이다."

바알 셈 토푸는 하나님으로부터 특별한 힘을 하사받은 인물에게 붙여지는 영광된 칭호다. 그는 1만 명의 헌신적인 제자들을 거느리고 18세기 동유럽에서 활약한 유대인 랍비였다.

유대인은 문화를 지니고 다닌다

오늘날 전 세계에 유대인은 1200만 명밖에 안 된다. 편역자 주 1960년대 통계. 1200만 명에 불과한 민족은 보통 화제가 되는 법이 없다. 한국의 약 3분의 1, 대만 인구보다 적은데도 유대인만큼 세계 속에서 늘 화제가 되는 민족도 없을 것이다.

노벨상을 예로 든다면 물리, 화학, 의학상 수상자들 가운데 12퍼센트 이상이 유대인이다. 오늘날까지 유대인이 종교, 과학, 문학, 음악, 경제, 철학 분야에서 이룩한 공헌은 아주 크다. 자만하고자 이런 말을 하는 것이 아니다. 이와 같은 유대인의 힘이 어디에서 오는 것인지 설명하고자 한다.

지금까지 인류 역사상 위대한 문명은 수없이 존재했다. 하지만 고대 그리스 문명은 500년의 영화밖에 누리지 못했다. 여기에서 내가 '…밖에'라고 표현한 점에 주목해 주기 바란다. 유대인은 구약 성경의 백성이라 불리며 성경과 함께 오랜 전통과 역사를 지니고 있다. 그러나 고대 그리스 문화가 쇠퇴한 뒤 그리스는 과거의 영광을 잃고 목축 생활에 전념해 왔다. 이집트의 경우도 마찬가지다. 그 밖에 거대한 유적을 남긴 위대한 문화가 많다. 그것과 비교하면 유대인은 유적이 없다. 아마 누구도 유대인의 유적이라는 말을 들어 본 적이 없을 것이다. 대신 유대인은 자신의 문화를 인간에 의해서 전달한다. **편역자 주** 여기에서 말하는 유적은 각 문명의 발상지에서 볼 수 있는 유적들을 가리킨다. 이스라엘에는 예루살렘 성전 이외에 거대한 유적지가 거의 없다. 왜냐하면 유대인은 눈에 보이는 유적(수평문화)이 아니라 눈에 보이지 않는 정신세계의 문화(수직문화)를 중요하게 여기기 때문이다.

유대의 역사는 5천 년 이상 거슬러 올라간다. 그리고 성경을 낳았고, 얼마 후 그리스도를 낳았고, 회교를 탄생시켰다. 오늘날 10억 명에 가까운 신자를 포용하고 있는 세계 최대의 종교인 그리스도교는 유대교에서 발생한 것이며, 또 오일 달러를 갖고 있기 때문에 화제가 되고 있는 이슬람교도 유대교에서 파생된 것이다. 마호메트는 유대인의 성경(그리스도교에서 말하는 구약 성경)과 그리스도교가 새로 추가한 신약 성경을 이슬람의 성경으로 삼았다. 마호메트의

말을 기록한 코란은 3부작의 마지막 책에 해당한다. 이슬람교는 오늘날 전 세계에서 손꼽히는 큰 종교가 되었다.

또 하나의 종교라고 말할 수 있는 공산주의는 10억 명 이상의 사람들을 지배했다. 공산주의의 창시자인 칼 마르크스도 유대인이다. 알버트 아인슈타인은 원자력 시대를 개척했다. 유대인 심리학자였던 프로이트는 근대 심리학을 개척했다.

유대인은 이처럼 정신적으로 인류에 큰 영향을 끼쳤지만 1948년까지 거의 3천 년 가까이 나라를 갖지 못했다.

유대인은 바빌로니아 인, 그리스 인, 로마 인, 아랍 인 속에서 살아왔다. 그런 유대인이 방랑 생활을 하는 동안 바빌로니아, 페르시아, 페니키아, 히타이트 등 막강한 제국들이 흥했다가 쇠퇴했다. 중국, 인도, 이집트 같은 오래된 나라도 역시 흥했다가 쇠망하는 과정을 되풀이해 왔다. 물론 그들은 국외로 추방된 일은 없다. 그러나 오늘날 그리스에 살고 있는 그리스 인과 이탈리아에 살고 있는 로마 인은 과거의 위상을 되찾지 못하고 있다.

유대인은 끈질기게 살아남아 자신들의 이상을 지켜 왔

다. 3천 년 동안이나 나라 없이 지내 왔지만 이질적인 문화 속에서 유대인의 독자성을 잃은 적이 없다. 유대인들은 다른 민족의 언어를 사용하면서도 숱한 업적을 남겼다. 프랑스 어, 독일어, 영어, 아랍 어, 라틴 어, 그리스 어 등 자신들이 머무는 나라의 언어를 유대인들은 사용해 왔다.

그들을 유지시켜 준 힘은 무엇일까? 이미 기원전부터 유대 민족은 소멸의 위기에 처해 있었다. 처음에 유대인은 사막을 방황하는 유목민이었다. 그들을 에워싸고 있던 나라들은 바빌로니아, 아시리아, 페니키아, 이집트, 페르시아 같은 대제국이었다. 그러나 유대인은 자신들의 독특한 문화를 잃지 않았다. 편역자 주 저자가 여기에서 말하는 문화는 육적 쾌락을 찾는 수평문화가 아니고 인생의 의미를 찾는 수직문화다. 수직문화에 대한 자세한 내용은 《현용수의 인성교육 노하우》(현용수, 동아일보, 2008) 제1권 제2부 '인성교육의 본질과 원리: 수직문화와 수평문화' 참조.

유대인이 오늘날까지 살아남은 것 자체가 기적에 가까운 일이다. 그것은 재력에 의한 것도 아니오, 무력에 의한 것도 아니다. 오로지 의지와 지력에 의한 것이다. 유대인은 지위, 재력, 무력에 의지하지 않는다. 아니, 의지하고

■ 나치 강제 수용소의 유대인 유령들(1945년). 제2차 세계 대전 동안 유대인은 1천 600만 명의 동포 가운데 600만 명을 잃었다. 그러나 그들은 불사조처럼 되살아났다.

싶어도 의지할 수가 없었다.

그리고 자신들의 문화를 꽃피울 나라가 없었다. 그래서 그들은 유대 문화를 간편하게 항상 몸에 지니고 다녀야만 했다. 유대의 전통과 발상법 같은 것을 지키려면 한 사람, 한 사람이 몸에 지니는 수밖에 없다.

흔히 유대인이라고 하면 부자라고 생각하지만 결코 그렇지 않다. 세계 각국에서 박해받고 추방당하고 도망쳐 다니는 유대인들에게 그런 행운이 있을 리 없다. 어디를 가나 유대인의 삶은 가난하고 어려웠다. 극히 일부는 큰 부자가 되기도 했다. 그러나 대부분의 유대인들은 무기력했다. 만약 유대인에게 힘이 있었다면 그것은 오로지 인간의 힘이다. 즉 유대인들이 가진 사고방식, 교육방법, 신념 같은 것들로부터 생겨난 힘이다.

그렇다면 이와 같은 힘을 당신도 지닐 수 있을 것인가? 나는 있다고 생각한다. 이와 같은 힘은 어디에서 나오는가? 유대 역사는 지성에 의해 유지되는 의지라는 강력한 힘을 보여 준다.

유대인이 책에 대해 취하는 태도를 예로 들어 보자. 유대인 가정에서는 아이가 철이 들면 성경을 펼치고 글자에 꿀을 떨어뜨린다. 그리고 거기에 입을 맞추게 한다. 이는 책이란 꿀처럼 단 것임을 가르치는 의식이다. 역사적으로 유대 민족은 문맹이 없다. 왜냐하면 성경을 읽는 것이 의무이기 때문이다.

회당에서 '바미츠바'라는 성인식이 열릴 때 사내아이는 성경의 한 구절을 사람들 앞에서 읽어야 한다. 또 유대인

묘지에는 흔히 책이 놓여 있다. 《세펠 하시딤(경건한 자의 책)》에는 이런 이야기가 쓰여 있다. 옛날 유대인 묘지에는 책이 놓여 있어 밤마다 죽은 자가 일어나 그 책을 읽고 공부한다는 것이다. 요컨대 생명이 끝났어도 공부는 끝나지 않는다는 것을 말해 준다.

이와 같이 유대인만큼 책을 중시하는 민족은 없을 것이다. 역사를 통해 유대 민족은 책을 베끼고, 책을 빌리고, 또는 책을 사서 공부를 했다. 기원전 5세기 페르시아 왕 알타 크세루크스 1세 때 유대 지방 총독이었던 네헤미아는 이렇게 썼다.

"이 지방 도서관은 책으로 가득 차 있는 것뿐 아니라 언제나 사람들로 가득 차 있다."

유대인을 책을 보물처럼 여긴다. 고대 유대에서는 책이 낡아서 책장이 뜯기고 글자가 뭉개져서 도저히 사용할 수 없게 되면 마치 사람을 매장하듯 정중히 구딩이를 파고 낡은 책을 묻었다고 한다. 유대인은 절대 책을 태우지 않는다. 비록 유대인에 대해 비난하는 책일지라도 그러했다.

중세 그리스도교도는 유대인이 지닌 책의 힘을 두려워

했다. 그래서 스페인에서 유대인들을 대대적으로 추방할 때 스페인 국왕은 히브리 어 책을 가진 자는 잡히는 대로 사형에 처한다는 내용의 포고령을 내렸다.

1553년 베니스에서 탈무드를 비롯한 수만 권의 유대 책들이 불태워졌다. 탈무드는 쓰인 지방에 따라서 몇 가지로 분류되는데, 이때 바빌로니아의 탈무드 세트만 불에 타지 않고 오늘날까지 전해진다.

유대의 책을 불태우는 일은 여러 차례 되풀이되었다. 이런 일을 한 것은 그리스도교도만이 아니다. 시리아의 안디오쿠스 4세(기원전 175년~기원전 163년)도 성경을 불태우라고 명령했다. 188년 트로에스 시에서는 10명의 유대인이 갇혀 있는 유대인 도서관이 불태워졌다. 교황 클레멘트 4세는 전 유럽에서 탈무드를 압수해 와서 불태우라고 명령했다. 1242년 파리에서는 24대의 마차에 가득 실린 탈무드를 불태웠다.

영국에서는 1299년에 유대의 책을 불태우라는 명령이 내려졌다. 1415년에 교황 베네딕트 13세, 1510년에는 막시밀리언 황제, 18세기에 들어서자 덴보스키 추기경이 유

▎정통파 유대인이 토라와 탈무드를 공부하는 '미드라쉬의 집'은 밤낮으로 붐빈다. 어른과 아이들 구분 없이 수평문화를 초월하고, 성경과 탈무드 연구에 몰두하고 있다. 그들은 수직문화에 대한 세대 차이가 없다. 성경은 이들을 깊이 있는 인간으로 만들어 준다.

대의 책을 불태우도록 명했다. 이어 새로운 바로인 나치가 전 유럽에서 유대 관계 서적을 불태우도록 명령했다.

편역자 주 바로는 유대인을 400년간 노예로 삼았던 고대 이집트의 왕이다. 저자는 나치를 바로라고 칭했다.

가문(족보)보다 개인

하나님이 왜 최초로 아담 한 사람만 만드셨을까의 해석에도 있는 것처럼 유대인은 가문을 중요시하지 않는다. 그보다는 한 사람 한 사람의 역량을 중시한다. 탈무드에서는 자신의 가계(혈통)를 자랑하는 부잣집 아들과 가난한 양치기의 아들이 만났을 때의 이야기가 실려 있다.

부잣집 아들이 자기 조상들의 업적을 자랑했다. 그러자 양치기의 아들이 이렇게 말했다.

"당신이 그렇게 훌륭한 사람의 자손인가? 그러나 나의 가계는 나부터 시작한다. 그러니 당신이 최후의 자손이라면 나는 최초의 선조다."

유대 사회에서는 '집'의 존재가 큰 의미를 갖는다. 집의 가치는 학문, 자선, 지역 사회에 대한 공헌도로 결정된다. 그 중에서도 중요한 것이 학문이다. 금전이나 성공은 집의 명예에서 그다지 중요한 요소가 아니다.

아무리 가문이 좋아도 꼭 학문이 있다고는 할 수 없다.

그러므로 양치기의 아들은 부잣집 아들 앞에서 기가 죽을 필요가 없는 것이다. 실제 유대의 고명한 랍비들 가운데에는 목수, 석공, 양치기 출신이 적지 않다. 힐렐은 목수, 아키바는 양치기였다. **편역자 주** 이 말은 자신의 뿌리가 담긴 족보를 중요하게 여기지 말라는 것이 아니다. 좋은 가문이라는 외형만 자랑할 것이 아니라 그 가문에 걸맞은 내용, 즉 자신의 능력을 키워 사회를 발전시키는 데 기여해야 함을 강조한 것이다. 그래야 좋은 가문이 몰락하지 않고 대를 이을 수 있다. 참고로 유대인은 족보를 대단히 중요하게 여긴다. 12지파는 물론, 예수님의 족보도 자세하게 나열되어 있다. (마 1장, 눅 3: 23-38 참조).

배움이란
Talmud

어느 랍비의 유서

아들아!

책을 너의 벗으로 삼아라.

책장이나 책꽂이를 너의 기쁨의 밭, 기쁨의 뜰로 삼아라.

책의 동산에서 체온을 느끼려무나.

지식의 열매를, 그 침전물을 자신의 것으로 삼아라.

지혜의 향료를 맛보아라.

만일 너의 혼이 만족을 느끼고, 또는 피로에 지친다면

뜰에서 뜰로, 밭이랑에서 밭이랑으로, 또는 이곳저곳의 풍경을 즐기는 것이 좋으리라.

그렇게 하면 새로운 희망이 솟아나고, 너의 영혼은 환희로 가득 차게 되리라.

주다 이븐 티본(1120~1190, 그라나다 태생, 의사 · 철학자)

지붕 위에서 공부한 랍비 힐렐

유명한 랍비인 힐렐이 젊었을 때의 일이다. 그는 토라(성경의 처음 다섯 권의 율법 책)를 깊이 연구해 보고자 했지만 좀처럼 그럴 만한 시간 여유가 없었다. 너무나 가난해서 그의 간절한 소원을 이룰 수가 없었다.

드디어 힐렐은 소원을 이룰 방법을 발견했다. 먼저 체력이 허락하는 한 일을 했다. 그리고 얼마 되지 않는 수입의 절반으로 생활했다. 나머지 절반을 학교 수위에게 내밀었다. 그리고 이렇게 말했다.

"이 돈을 당신에게 드리겠습니다. 대신 학교에 들어가서 수업을 받게 해 주십시오. 선현들의 말씀을 들을 수 있게 말입니다."

이렇게 해서 며칠 동안 힐렐은 수업을 받을 수 있었다.

하지만 대신 돈이 부족해서 빵을 사 먹을 수 없었다. 그러나 정작 그를 낙담시킨 것은 굶주림이 아니었다. 수위가 학교에 들어가는 것을 완강하게 거절한 것이었다.

그러나 공부를 하겠다는 한결같은 마음으로 그는 이 곤경을 극복했다. 학교 지붕으로 올라가 햇살이 들어오는 창문 어귀에 누웠다. 그곳에서는 교실 안도 보이고 말소리도 들렸다. 그날은 샤밧(안식일) 전야로 밖은 살을 에는 듯 추웠다.

다음날 아침 랍비들이 학교에 나왔는데 날씨가 맑게 개어 있는데도 교실 안이 어두컴컴했다. 랍비들은 왜 이렇게 어두운지 이유를 찾았다. 그러자 교실 천장의 햇빛이 들어오는 창문에 한 사람이 누워 있는 것을 발견했다. 더군다나 그 위에는 눈이 하얗게 쌓여 있었다. 그들은 반쯤 얼어붙은 불쌍한 힐렐을 발견했다. 지난밤 내내 거기에 드러누워 있었던 것이다.

그 일이 있은 후부터 가난 때문에 공부를 할 수 없다고 하는 사람은 이런 질문을 받았다.

"당신은 힐렐보다 가난합니까?"

힐렐이 보여 준 불굴의 정신은 후세 유대의 젊은이들에게 큰 격려가 되었다. 학문에 관해 힐렐은 다음과 같은 명언들을 남겼다.

· 지식을 넓혀 가지 못한 사람은 퇴화하고 있다고 생각해야 한다.
· 배우기를 거절하는 사람은 죽은 자와 같다.
· 수줍음을 타는 자는 배울 수가 없다. 성품이 악한 자는 가르칠 수가 없다. 속된 일에 정신이 팔려 있는 자는 지혜를 가질 수가 없다.
· 재능을 자기 자신을 위해서만 사용하는 사람은 정신적으로 자살하고 있는 것과 같다.

배움의 태도

나이를 너무 먹어서 이제 배울 수가 없다는 것은 유대인에게 통하지 않는 말이다. 사람은 몇 살이 되더라도 배워야 한다. 배움으로써 젊음을 얻을 수 있다.

청춘이란 나이로 따질 수 없는 것이다. 왜냐하면 그것은 태도에 따른 마음의 자세이기 때문이다. 물론 이것은 근대 의학에서도 증명되고 있으나 유대인은 2천 년에 걸쳐 그렇게 가르치고 있다.

유대인은 살아 있는 한 배운다. 그렇게 하는 것이 거룩한 의무이기 때문이다. 사람은 하늘나라에 이를 때까지 배우지 않으면 안 된다고 생각해 왔다. 배우는 일에는 끝이 없다. 그러니까 이디쉬 어(독일어, 슬라브 어, 히브리 어의 혼성어)로 '학자'란 히브리 어의 '람단'에서 온 말이다. '람단'은

'알고 있는 사람'이 아니라 '배우는 사람'이란 뜻이다.

유대인은 거창한 지식을 갖고 있는 사람보다 배우고 있는 사람이 더 존귀하다고 생각했고, 또 지금도 그렇게 생각한다.

지식보다 지혜

유대인에게 "인간에게 가장 중요한 것이 무엇인가?"라고 묻는다면 '지성(知性)'이라고 대답할 것이다. 어째서 지성이 중요한가? 그것은 유대인의 종교적 전통에서 나온 것임을 독자들은 이미 알았을 것이다.

유대인은 오랫동안 박해를 받으며 살아왔다. 마을이 불타고 전 재산을 뺏기는 일도 많았다. 그래서 유대인 어머니들이 아이에게 꼭 물어보는 수수께끼가 있다.

"만약 네가 사는 집이 불타고 재산을 뺏기게 된다면 너는 무엇을 가지고 도망치겠니?"

아이들은 대부분 돈이라든가 보석이라고 대답한다.

이때 어머니는 다시 한 번 묻는다.

"아니란다. 힌트를 하나 주지. 그것은 모양도, 빛깔도,

냄새도 없는 것이란다."

그래도 아이가 대답을 못하면 어머니는 가지고 가야할 것은 지성이라고 가르쳐 준다. 누구도 지성을 빼앗을 수는 없으며, 지성은 죽을 때까지 항상 몸에 지니고 다닐 수 있기 때문이다.

유대에는 이와 관련된 속담이 많다.

· 여행 도중에 고향 사람들이 알지 못하는 책을 발견하면 반드시 그 책을 사 가지고 돌아가라.

· 만일 너무 가난해서 물건을 팔아야만 할 경우라면 먼저 금, 보석, 집, 토지 순으로 팔아라. 최후까지 팔아서는 안 될 것이 책이다.

· 만일 두 아들이 있어서, 한 아들이 남에게 책을 빌려 주는 것을 싫어하고, 또 한 아들은 책을 빌려 주는 것을 좋아한다면, 후자의 아들에게 당신의 책을 물려주어라.

· 설령 적이라 할지라도 책을 빌려 달라고 하면 빌려 주어라. 그렇지 않으면 당신은 지식의 적이 될 테니까.

・책을 읽던 곳을 표시하기 위해 도구를 사용할 때는 책에 상처를 내지 않는 것을 사용하라.
・책을 당신의 벗으로 삼고, 책꽂이를 당신의 뜰로 삼아라. 그리고 그 아름다움을 즐기고, 열매를 따 먹으며, 꽃을 즐기도록 하라.

책은 지식의 상징이다. 1736년에 라트비아의 유대인 거리에서는 책을 빌려 달라는데도 그 책을 빌려 주지 않는 사람에게 벌금을 부과하는 조례가 만들어졌다. 또 유대인 가정에서는 침대 발치에 책을 놓지 않는다. 전통적으로 책은 항상 머리 쪽에다 놓아두어야 한다고 가르친다.

유대인 사회에서 지성을 얼마만큼 중요하게 여기는가는 왕보다 학자를 더 훌륭한 사람으로 여기고 존경하는 것만 봐도 알 수 있다. 이는 유대인만의 자랑스러운 전통이다. 대부분의 다른 민족들은 왕후, 귀족, 군인, 부자들을 학자 위에 두었다.

그만큼 유대인은 학문을 중요하게 여기는데, 그 중에서도 지식보다도 지혜를 더 중요시했다. 이는 지식이 많다 해

도 지혜가 없는 자는 많은 책을 등에 실은 당나귀와 같다고 한 비유에서도 알 수 있다. 지식을 아무리 많이 쌓아도 좋은 목적을 위해 사용하지 않으면 도리어 해가 되는 것이 지식이다. 또 단순히 지식을 모으고 쌓아 두는 것은 책을 쌓아 두는 것과 마찬가지다. 지식은

지혜를 닦기 위해 몸에 지니는 것이다.

그저 배우는 것만으로는 경멸당한다. 그것은 한낱 모방에 지나지 않기 때문이다. 배운다는 것은 어디까지나 스스로 생각하기 위한 기초에 불과하다. 현자를 히브리 어로 '하함'이라고 부르는데, '하함'은 '호크마(지혜)'를 가지고 있으며, 그것을 사용할 수 있는 사람을 가리킨다. '하함'이란 반드시 지식인을 말하는 것이 아니다. 예를 들어 정육점이나 식료품점을 경영하는 사람 중에서도 '하함'이라 불리는 사람들이 많다. 또 옛날의 위대한 랍비들 가운데에는 양치기도 있고 구두 짓는 사람도 있었다.

이 현자들 가운데서도 가장 지혜가 있는 사람들을 '탈무딧 하함(탈무드에 정통한 자)'이라 불렀다. 그만큼 탈무드나 토라에 정통한 사람을 존경했다는 의미이다. 이들이 '탈무딧 하함'이 된 이유가 착실하게 정규 교육을 받았기 때문이라고 할 수 없다. 타고난 신분만으로는 '탈무딧 하함'이란 호칭을 얻을 수 없다. 어린 학생이 지식을 쌓고, 지성을 발휘해 가는 중에 통찰력을 얻고, 또 겸손함을 몸으로 익히면 비로소 '하함'이라 불리게 된다. 이와 같이 학식과 마찬

가지로 겸손도 중요시했다.

자신이 행복하다고 느끼는 자는 행복하지만, 자신이 현명하다고 생각하는 자는 어리석다. 포도는 열매가 굵을수록 아래로 내려가는 법이다. 이것은 현자가 된 증거다. '탈무딧 하함'은 평생 배우는 것을 잊지 않고, 게을리하지 않음으로써 많은 사람들로부터 지혜가 풍부하다는 평가를 받는 사람에게 주어지는 호칭이다.

고대 유대 사회에서는 '탈무딧 하함'에게 세금을 면제해 주었다. 이는 현명한 사람이 사회 전체에 도움을 준다고 생각했기 때문이다. 따라서 사회는 이런 사람을 도와주어야 한다고 여겼다. 다음은 유대인들이 '하함'을 얼마나 존경했는지 보여 주는 말들이다.

"하함과 부자 중 어느 쪽이 더 훌륭한가? 물론 하함이다. 왜냐하면 하함은 돈의 고마움을 알지만, 부자는 호크마(지혜)의 고마움을 모르기 때문이다."

배움은 통찰력을 기르는 것

질문을 하는 것은 중요하다. 인간은 배움을 통해 중요한 사실 한 가지를 깨닫는다. 항상 의문을 가지고 질문하라는 것이다. 의문을 갖는다는 것은 지혜의 입구다. 알면 알수록 의문이 생기고, 질문이 늘어난다. 그래서 질문은 인간을 발전시킨다.

자신에 대해 질문하는 것도 중요하다. 탈무드는 "더 좋은 질문은 더 좋은 해답을 얻어 낸다."고 말한다. 우리는 가끔 자신도 미처 생각지 못했던 질문을 받고 놀랄 때가 있다. 이때 뜻밖의 좋은 답을 찾아내는 수가 있다. 질문에는 해답과 같은 정도의 위력이 있는 것이다.

호기심이 없는 자는 의심하는 일도 없다. 사색을 하는 것은 의문을 갖고 답하는 것이다. 현자란 의문을 갖는 데

능한 사람을 말하기도 한다. 물론 인간이 절대적 확신을 갖는 것은 힘든 일이다. 그러므로 의문이 생기면 모든 일이 의심스러울 것이다. 그러나 깊은 의심에서 시작하여 얻어낸 해답은 훨씬 더 강한 확신을 갖게 된다.

그리고 어떤 불분명한 사실이나 의문은 행동을 함으로써 밝혀낼 수 있다. 결국 행동으로써 많은 현명한 해답을 구할 수 있다. 고대 랍비들은 너무 깊이 생각만 하는 것은 도리어 행동하는 순간을 지연시킨다고 생각했다. 주저하고 망설이는 것은 위험하다. 순간 결단을 내리지 않으면 좋은 기회를 놓칠 수가 있다. 때에 맞추어 대담하게 행동하는 자만이 승리를 획득할 수 있다. 때가 되어 꾸물거리다가는 시기를 놓친다.

그렇다면 사람은 무엇 때문에 배우는 것일까? 완전히 똑같은 상황은 두 번 다시 반복되지 않는다. 그러므로 새로운 상황에 직면하면 그때까지 배운 것을 참고로 하는 수밖에 없다. 마지막 순간 힘이 되는 것은 생각하는 능력뿐이다.

우리가 배우는 이유는 감성을 연마하여 날카롭게 하기 위해서다. 오랫동안 산에 다닌 베테랑 사냥꾼은 예리한 감각을 지니고 있다. 이러한 직감은 오랜 체험에서 나온 것이라기보다 오랜 체험에 의해 갈고 닦은 감성에 의한 것이다. 그래서 현실적으로 직접 체험하지 못한 일이라도 다른 사람의 체험을 통해 배운다면 생각을 날카롭게 할 수 있다. 직감이란 설명이 불가능한 신비로운 것으로 보일지도 모른다. 순간의 직감에 따라 내려지는 결단은 그때까지 쌓아 올린 영지(英知)에 의해 결정된다. 직감을 통찰력으로 바꾸어 말해도 좋을 것이다. 배운다는 것은 순간적인 통찰력을 얻기 위한 준비 작업인 것이다.

학식은 시계와 같다

학식은 펼쳐서 내보여 줄 수 있는 것이 아니다. 자신이 우수하다거나 자신에게 힘이 있다는 것을 자진해서 말할 수는 없다. 만약 그렇게 말하는 사람이 있다면 사람들로부터 혐오를 받게 될 것이다.

탈무드에서는 학식이나 능력을 값비싼 시계와 같다고 말한다. 요컨대 사람들이 시간을 물을 때 시계를 꺼내야지, 갖고 있음을 자랑하기 위해 꺼내 보여서는 안 되는 것이다.

또 유대인들은 학식을 우물에 비유한다. 학식이 풍부하다는 것은 아무리 퍼내도 마르지 않는 우물과 같다는 말이다.

"깊은 우물의 물은 아무리 퍼내도 바닥이 나지 않지만, 얕은 우물은 곧 바닥이 드러난다."

돈이나 재물은 잃어버릴 수 있지만 지식은 늘 몸에 따라다닌다. 그러므로 '배우는 일은 일생의 일'이다. 그리고 "나는 선생에게서 많은 것을 배운다. 친구들로부터도 많은 것을 배운다. 그러나 가장 많이 배울 수 있는 상대는 학생들이다."라고 말할 수 있는 겸손이 있어야 한다.

랍비 아브라함 벤 에즈라는 "지혜는 겸손을 낳는다."고 말했다.

두 종류의 교육

하늘은 어디에서부터 시작되는가? 그런 질문을 받으면 뭐라고 대답할 것인가? 물론 당신의 발밑에서부터 시작된다고 말할 수 있을 것이다.

개미를 생각해 보자. 예를 들어 개미에게 하늘의 높이는 어느 정도일까? 아마 개미의 하늘은 당신의 신발 언저리에서 시작될 것이다.

그러면 도대체 세계는 어디에서부터 시작되는 것일까? 세계는 당신 자신으로부터 시작된다. 그러나 많은 사람들은 이렇게 말한다.

"나는 이 세계를 좋게 만들 힘 같은 것은 가지고 있지 않다. 나는 아주 무기력하다."

자신은 세계의 일부가 아니라고 생각하는 것은 대부분

의 사람들이 빠지는 함정(잘못)이다. 이처럼 무기력한 사람은 아무 데도 쓸모가 없다.

모든 문제는 인간으로부터 출발한다. 당신은 세계가 안고 있는 여러 가지 어려운 문제를 더 크게 만들 수도 있고, 반대로 그것을 해결하기 위해 힘을 빌려 줄 수도 있다. 당신은 당신이 알고 있는 만큼 무력하지도 무능하지도 않다. 적어도 자신의 힘으로 자기 주위의 세계를 변화시킬 수 있다.

우선 자신을 둘러싸고 있는 세계 속에서 가장 중요한 것은 무엇일까? 그것은 가족이다. 그러므로 가족관계가 원만한 사람들은 불행한 일이 적다. 그 다음이 자기의 사업(직업)이고, 그리고 자기가 살고 있는 지역 사회다.

어떻게 하면 보다 나은 세계를 만들 수 있을까? 먼저 배움으로써 보다 좋은 환경을 만들 수가 있다. 배움에는 학교에 다니거나 책을 읽는 것이 전부는 아니다. 자기 주변의 사람들이 무엇을 원하는지 공부하는 것도 중요한 그 일부다.

우려되는 부분은 배움이란 학교교육이나 또는 사업에 도움이 되는 지식을 얻는 것이라고 아주 좁게 해석한다는 점이다. 슬프게도 공부하고 배운다는 것을 자신에게 있을

이해득실과 결부해 따지는 경우가 많다.

배움이 인생의 폭을 넓혀 준다는 생각을 하지 않으면 별 도움이 안 될 수 있다. 배움의 목적은 인간다운 생활을 하고 인간으로서의 매력을 증대시키는 데에 있다. 현대 학문이라 할지라도 선악을 구별하고 제거해야 할 것은 제거해야 하는데도 불구하고, 현대 과학은 사실만을 취급하고, 선악은 관계가 없다고 생각한다. 과학이란 속성이 그러할지도 모른다. 그러나 사람들은 과학이 인간의 도구라는 사실을 잊고 있다. 그러므로 인간이 과학을 이용하려면 선악의 판단을 내려야 한다. 따라서 어디까지나 객관적인 학문, 그 자체는 우리의 도구에 지나지 않는다.

과학 기술은 인간의 생활을 크게 변화시켰다. 이 힘에 의해서 선진 공업 사회에서는 인간을 굴욕적인 처지에 놓이게 했던 빈곤으로부터 해방시켰다. 과학이야말로 인간의 삶을 가장 크게 변화시키는 힘이 되었다. 그러나 과학의 힘을 암암리에 인정해 버린 결과, 자기도 모르는 사이에 어느새 과학이 삶의 지배자라는 잘못된 생각을 하고 있는 것은 아닐까?

인간의 삶에서 무엇이 좋은가, 무엇이 나쁜가의 가치 판단을 하지 않으면 안 된다. 좋고 싫은 것만으로 살아간다면 찰나적 인간이 된다. 이해득실도 그렇다. 인간은 찰나를 초월해야 관심을 받을 수 있다. 변함없는 꿋꿋함을 가진 사람만이 사람들의 신뢰를 받을 수 있다. 신용이란 바로 그러한 것을 말한다.

선악의 판단은 한 사람으로부터 시작된다. 탈무드에서는 "다른 사람들보다 뛰어난 사람은 두 종류의 교육을 받는다. 하나는 교사로부터 받는 것이며, 하나는 자기 자신으로부터 받는 것이다."라고 가르치고 있다.

자기 자신에 대해서도 교사가 되지 않으면 안 된다. 자신에 대해 지도자가 되지 않으면 안 된다. 리더십은 거기서부터 비롯된다. 자신을 지도할 때는 첫째, 도덕적인 원칙이 없으면 안 된다. 둘째, 좋은 시민으로서의 충분한 고려가 있어야만 한다.

인간은 누구나 빛과 그림자의 두 가지 면을 지니고 있다. 아무리 선인이라도 그림자는 있으며, 아무리 악인이라도 빛은 있는 법이다. 그러므로 그림자가 있다고 부끄러워할 필요가 없다. 빛나는 부분을 더욱 밝게 하면 된다.

반면 빛의 부분이 크다고 마음을 놓아서도 안 된다. 항상 따라 다니는 그림자 부분을 작게 하려고 노력해야 한다. 어떠한 인간도 어떠한 교육도 이 세계에 도움이 되어야 한다.

인간은 무엇 때문에 태어났을까? 탈무드는 이렇게 대답하고 있다.

"인간은 자기 보존과 타인을 돕기 위해서 태어났다."

옛날 랍비들은 자신만을 위해 살아서도 안 되고, 타인만을 위해 살아서도 안 된다고 생각했다. 자기의 일만 생각하는 자는 야비하고, 자기 희생만 추구하는 자는 광신적이 된다.

남을 뛰어넘지 말고
자신을 뛰어넘어라

인간은 천성적으로 게으르다. 그러므로 새로운 사상에 관심을 갖지 않으면 생활도 사고도 단조로운 반복으로 일관하기 쉽다. 아인슈타인 박사는 이렇게 경고했다.

"인간은 항상 새로운 것을 생각하지 않으면 로봇처럼 되어 버린다."

생각하지 않고 그저 내키는 대로 습성에 따라 움직이면 기계나 다름없다는 말이다.

노벨문학상을 받은 작가 토마스 만은 인간에게 습관은 잠자는 것과 같다고 말했다.

"어린 시절이나 청춘기에 시간이 길게 느껴지는 것은 항상 새로운 것과 만남으로써 강한 자극을 받기 때문이며, 중

년을 지나면서 1년이 빨리 지나가는 것처럼 느껴지는 것은 너무나 많은 습성을 축적해 버렸기 때문이다."

오늘날 일상생활에 매스 미디어가 어떻게 작용하고 있는지 생각해 보자. 아침에 일어나 서둘러 출근을 준비하는 동안 뉴스를 듣는다. 눈은 신문을 보고 빵과 커피를 삼키고, 지하철 안에서나 회사에 도착해서 신문을 읽는다. 근무가 끝난 뒤 일주일에 한두 차례 주간지를 읽는다. 이러한 매스 미디어는 주로 센세이셔널한 뉴스들을 다룬다.

사람들은 왜 신문과 잡지를 가까이 할까? 진실을 알고 싶기 때문일까? 혹시 주위 사람들이 알고 있는 사실을 자신만 모를까 봐 불안하기 때문은 아닐까? 어쨌든 매일 신문을 읽는 것은 습관이 되었다. 날마다 다른 뉴스가 꼬리에 꼬리를 물고 밀어닥친다. 우리는 그것을 매일의 식사처럼 소화하고 미련 없이 잊어버린다. 또 다음 날에는 신문이나 텔레비전이라는 접시에 새로운 뉴스라는 음식이 담겨져 나온다.

텔레비전도 마찬가지로 습관이 된다. 사람들은 텔레비전의 교육 프로그램을 거의 보지 않는다. 재미가 없기 때문이다. 처음 텔레비전이 나왔을 때가 기억난다. 나는 텔레비전 앞에서 거의 못 박힌 듯 앉아 여러 가지 재미있는 오락 프로그램을 보았다. 그러나 얼마 지나지 않아 텔레비전은 눈앞에 놓인 땅콩처럼 몸에 좋다고는 할 수 없지만 먹기를 그만 둘 수도 없다는 사실을 알게 되었다.

이런 것들 말고도 우리의 삶 속에는 습관처럼 시간을 빼앗아 가는 일들이 너무 많지 않은가? 한 번 돌이켜 볼 필요가 있지 않을까? 언젠가 신문에 이런 기사가 났다.

"요즘 외국어 학교, 야간 강좌에 직장인들이 늘고 있다. 그 중 40%가 매일 강의에 출석한다고 대답. 학습 의욕 만점."

어느 학교에서 직장인 학생 582명을 대상으로 조사를 했더니 30%가 동료나 상사 모르게 통학한다고 대답했다. 남모르게 공부하는 비율은 연령이 높아질수록 많아져서 40대 직장인의 49%가 남몰래 열심히 공부 중이었다.

학비는 보너스로 충당한다는 사람이 44%로 가장 많았고, 골프 등 유흥을 그만두었다는 사람이 6.7%, 술과 담배를 끊었다는 사람이 3.7%였다. 이처럼 직장인들은 회사 안

밖으로 신경 쓸 일이 많다.

  요즘에는 직장인들 사이에서 외국어를 배우는 일뿐만 아니라 자기계발을 위한 연구도 성행하고 있다. 정기적으로 참석하는 연구회가 몇 개씩 되고 강연회, 세미나 참여 횟수도 계속 늘고 있다. 그만큼 우리 사회에서 지적인 인재에 대한 필요성이 커지고 있기 때문이다. 인건비가 높아짐에 따라 사람들의 욕망이 다양화되고, 그러한 다양화는 사회를 형성하는 요소들이 늘어남을 의미한다. 그만큼 변화의 요인도 다양해져서 변화를 예측하는 것이 문제가 된다. 그러므로 가능한 한 다양한 지식을 축적한 인재만이 성공할 수 있다. 이제는 근면, 성실만으로는 좋은 평가를 받기 어렵다. 근면한 것은 일종의 습관과 같다.

  신체의 컨디션을 양호하게 유지하려면 평소 많이 걷고 운동을 해야 한다는 것은 누구나 알고 있다. 그러나 높은 수준의 능력을 유지하려면 언제나 새로운 지적 자극이 필요하다는 것을 인식하는 사람은 많지 않다.

  항상 새로운 것을 배우고 능력을 키우는 데 온 힘을 기울여야 한다. 지성은 은그릇과 같아서 닦기를 게을리하면 곧 더러워진다. 그렇기 때문에 다양한 것을 배워서 그 조화로 말미암아 새로운 지혜와 통찰력이 솟아 나오게 해야 한다.

인생의 최대 목적은 무엇인가? 자신을 창조해 나가는 것이 최대의 임무다. 사람은 누구나 어머니의 뱃속에서 태어난다. 이것은 생물학적 출생이다. 그리고 다시 한 번 이성적 출생을 하게 된다. 스스로 자아를 탄생시키는 것이다. 따라서 인간은 자기 생애를 통해서 두 번 태어난다.

모든 인간은 각자 나름대로 창조력을 갖추고 있다. 그러나 대부분의 사람들은 자신의 창조력을 끄집어내려고 하지 않는다.

탈무드는 다른 사람보다 훌륭하다는 사람은 정말로 훌륭한 사람이라고 하지 않는다. 이전의 자신보다도 나아진 사람이야말로 참으로 훌륭한 사람이라고 부를 수 있다고 말한다. 타인을 뛰어넘으려고 하기보다는 자신을 뛰어넘고자 노력하는 사람이 언젠가는 다른 사람보다 나아지게 마련이다.

부모가 자식에게 주어야 할 것

요즘 부모들은 자식들에게 자전거를 사 주고 피아노를 사 주고, 또는 능력 이상의 비싼 학교에 통학시키기도 한다. 있을 수 있는 일이라 생각하겠지만 이러한 부모들은 자신들이 가질 수 없었던 것을 자식에게 주고 싶었을 것이다.

하지만 그렇게 하지 않아도 부모가 가진 고유한 것만으로 충분하다. 부모가 가진 애정, 근면성, 겸손함, 검약 정신, 이러한 정신을 자식들이 이어받는 것만으로도 더 없이 좋은 교육이다.

물론 자식들이 좋은 회사에 들어가도록 하거나 좋은 학교에 다니게 하는 것이 나쁜 일은 아니다. 그러나 부모가 갖지 못했던 것을 자식들에게 주려 하고, 부모가 하지 못했던 일을 자식들에게 시키려 할 때, 부모가 갖고 있는 정신적인 가치들은 잊혀지기 쉽다. 탈무드는 다음과 같이 말한다.

· 아버지가 나의 마음에 남겨 준 것을 나는 자식들에게 물려주고 있다.
· 다섯 살 아들은 당신의 주인이며, 열 살 자식은 노예이고, 열다섯 살에는 동격이 된다. 그리고 그 뒤 양육 방법에 따라 친구도 되고 적도 된다.

부모와 교사는 하나님과 같다

캘리포니아 주 새크라멘토 의회 건물에는 다음과 같은 말이 새겨져 있다.

"우리 고장의 높은 산들에 지지 않을 만큼 높이 솟아오르는 인간을 만들자."

이와 똑같은 발상이 유대인의 마음속에 깃들어 있다.

히브리 어로 산을 '하림'이라고 하고, 부모는 '호림'이라고 하며, 교사는 '오림'이라고 한다. 그래서 유대인은 부모와 교사는 산과 같아서 보통 사람들보다도 우뚝 솟아 있다고 생각한다.

산꼭대기가 하늘을 뚫을 듯 높이 솟구쳐 있는 것처럼, 부모와 교사도 아이들을 위해 되도록 높은 곳으로 오르고자 한다. 자식과 학생들이 이 산과 나란히 설 정도가 돼야 한다고 생각한다.

　유대인은 특히 교육열이 강한 민족이기 때문에 세 살 때부터 공부를 시작한다. 그들은 매주 엿새 동안 하루에 여섯 시간 내지 열 시간씩 공부에 정력을 쏟는다. 교사의 집이나 학교에서 토라와 탈무드를 외우며 '바미츠바(성인식)'에 대비한다.

균형 감각
Talmud

돈과 성은 더러운 것이 아니다

유대인은 결코 금욕적이지 않다. 예를 들어 유대인에게는 청빈이라는 개념이 없다. 그러나 일반적으로 젊었을 때는 가난한 편이 낫다고 생각한다. 물론 가난한 젊은이가 훗날에 성공하면 더욱 좋다. 그렇지 못하다면 슬픈 일이다.

젊은 시절 가난은 오히려 성공의 기회를 제공하는 절호의 시기다. 가난으로부터 벗어나고 싶다는 충동만큼 강한 힘은 없다. 젊었을 때에 가난하다는 것은 감사해야 할 일이다. 하지만 중년이 된 뒤에도 가난한 것은 불행한 일이다. 젊음은 원인이며, 중년은 결과이기 때문이다. 젊은이는 그것을 알아야 한다.

유대인은 돈이나 섹스를 더러운 것이라고 생각해 본 적

이 없다. 오히려 인생에 도움이 되는 것이라고 생각한다. 그래서 가난은 악이라든가, 부끄러운 것이라고 생각하지는 않지만, 불편한 것으로 여긴다.

돈과 섹스에는 공통점이 있다. 없으면 그것만을 생각하게 된다. 있을 때 비로소 다른 것들을 즐길 여유가 생긴다. 따라서 부자유스러울 필요는 없다. 특히 가난은 인간의 행복에 커다란 적이다. 왜냐하면 아주 가난한 사람이 정신적으로 독립할 수 있는 경우는 극히 드물기 때문이다.

성경에도 "지혜가 힘보다 낫다마는 가난한 자의 지혜가 멸시를 받고, 그 말이 신청되지 아니한다"(전 9:16)라고 쓰여 있다. 성경 시대나 현대의 인간 사회는 별다른 차이가 없다.

유대인 사회에도 걸인이 있었다. 시골이나 도시에는 반드시 한 사람 내지 한 패거리의 거지가 있었다. 그들을 '슈노렐'이라고 부른다. 하지만 한 집 한 집 찾아다니면서 구걸행위를 하는 일은 없었다. 유대인들은 거지도 하나의 직업으로 하나님의 허락을 받은 존재라고 생각한다. 그들은 사람들의 선행(자비)의 대상이 된다.

슈노렐 가운데에는 굉장한 독서가들이 많아서 탈무드를 통달한 자가 적지 않다. 회당에 정규적으로 참석하고, 토라나 탈무드의 토론에도 참석한다. 그래서인지 탈무드에는 가난한 사람을 변호하는 격언이 많다.

"가난하다고 바보 취급을 하지 마라. 그 중에는 학식이 높은 사람이 많기 때문이다."
"가난한 이를 업신여기지 마라. 그들의 셔츠 속에는 영지의 진주가 숨겨져 있다."

삶의 기쁨을 추구하는 종교

고대 유대 사회에는 세속을 벗어나 은자(隱者)와 같은 생활을 하는 사람들이 있었다. 그들은 종교적인 수도자였다. 동양에서 말하는 선인과 같은 생활을 하면서 하나님에게 기도 드리는 생활을 계속했다. 이러한 사람들을 '나실인'이라고 불렀다. 그들은 술이나 여자를 멀리했다. 사막에서 1년 또는 10년씩도 살았다.

그러나 나실인이 일단 사회로 돌아오려면 먼저 하나님에게 빌고 자신의 죄를 용서받지 않으면 안 되었다. 유대교에서 삶의 기쁨을 부정하는 것은 죄가 되기 때문이다. 오늘날에도 그러한 사람은 하나님에게 용서를 구해야만 한다.

돈, 술, 노래, 섹스 등과 같은 즐거움은 인생에 필요한 것으로, 때로는 규제를 벗어날 필요도 있다. 더러는 취해서

허튼소리도 해 보고 큰 소리로 노래를 불러 보는 것도 좋다. 싸움을 할 수도 있다.

그러나 비록 그렇게(그런 일을 하고 있는 동안은 그렇게 생각할 필요는 없다고 옛날 랍비들은 생각했다.) 행동한다고 할지라도, 어디까지나 그것은 착실하고, 정상적인 생활을 유지하는 데 도움이 되는 것이어야 한다. 인생의 톱니바퀴가 한때 어긋나는 것을 두려워할 필요는 없다. 그렇지만 전 생애를 그르치는 행동은 두려워해야 한다.

사해처럼 저장만 해서는 안 된다

인간은 모든 것을 자신의 소유로 만들려 해서는 안 된다. 사람들은 솔선수범해서 남과 나눠 갖는 사람의 주변에 모여든다. 나눠 준다는 것은 중요하다. 그러한 교훈을 갈릴리 바다와 사해가 우리에게 보여 준다.

이스라엘에는 바다라고 불리는 두 개의 큰 호수가 있다. 하나는 갈릴리 바다이고 또 하나는 사해(염해)다. 사해는 해변보다 392미터나 아래에 있으며 오늘날 유명한 휴양지가 되었다. 주위가 모두 사막으로서 건너편에는 요르단 땅이 펼쳐져 있다. 사해의 물은 염분의 농도가 짙어 사람이 물속에 들어가도 가라앉지 않는다. 비중이 커서 몸이 뜬다. 그러나 이런 사해에는 물고기는 물론 아무것도 살 수 없다.

반면 갈릴리 바다는 담수여서 물고기가 산다. 베드로가

▎갈릴리 바다에는 예수님의 제자 베드로의 이름을 따서 지은 베드로 물고기가 많이 잡힌다. 이스라엘 갈릴리 바다에서 잡은 베드로 고기를 든 편역자.

그물을 던졌던 곳으로도 유명하며, 오늘날에는 '세인트 피터스 피쉬(성 베드로 물고기)' 라는 모양은 별로인데 맛은 좋은 물고기가 명물로 등장하여 해변에 몇 개의 식당이 있다. 해안에는 많은 나무들이 수면 위로 가지를 뻗어 새가 모여서 지저귀는 생동감 넘치는 아름다운 세계이다.

갈릴리 바다와 비교하면 사해에는 생명체가 살지 않는다. 근처에 나무도 없고 노래하는 새도 없다. 사해의 공기마저도 답답하게 느껴진다. 사막의 동물들이 이곳에 물을 마시러 오는 일도 없다. 그래서 옛사람들은 죽음의 바다,

즉 사해라고 불렀다.

갈릴리 바다는 동북쪽 헐몬 산으로부터 물을 받아들이고 있다. 그러나 사해처럼 마냥 저장만 하지 않는다. 갈릴리 바다에서 다시 요단강으로 이어져서 사해로 들어간다. 그러나 사해는 물이 흘러 나가는 강이 없다. 받아들인 것을 모두 자신의 것으로 만들어 버리는 바다다.

그래서 유대의 현인들은 갈릴리 바다는 받아들인 만큼 또 남에게 주기 때문에 언제나 신선하며 어족이 풍부하고, 사해는 모든 것을 자신의 것으로 만들어 버리기 때문에 생물이 살 수 없을 뿐만 아니라, 생물들이 가까이 다가갈 수가 없다고 생각했다. 사해는 자신에게로 흘러들어오는 물 한 방울 한 방울을 모두 자신의 것으로 만든다. 사해는 남에게 주지 않는다. 그래서 죽어 있는 것이다.

인생에서도 종종 이런 사람과 만난다. 물이 흐르지 않으면 물고기도 살 수 없고 동물들이 물을 마시러 오지도 않는다. 받기만 하고 주는 일을 거의 하지 않는 사회에서는 자선문화가 발달하지 않는다. 갈릴리 바다와 같이 남들에게도 나누어 주는 사람이 되어야 한다.

사흘에 한 번 마시는 술은 금이다

유대인들은 금욕적인 삶을 추구하지 않기 때문에 술은 좋다고 생각한다. 탈무드에서 아침 술은 돌, 낮 술은 구리, 밤 술은 은, 사흘에 한 번 마시는 술은 금이라고 했다. 단 만취해서는 안 된다. 유대인들은 곤드레가 될 때까지 마시는 일은 절대 없으며, 유대 문학 속에도 그와 같은 인물은 거의 나오지 않는다. 그럼에도 술과 유대인은 끊으려야 끊을 수 없는 관계이다.

아이들은 어렸을 때부터 포도주 맛을 안다. 사바스(안식일) 때에 포도주는 빼 놓을 수 없는 기쁨이다. 성경에도 술의 효용에 대한 설명이 몇 번씩 나온다. 또한 술에 관한 비유가 많이 등장한다. 즐거운 일이나 풍요를 나타내는 데에 이용되고 있다.

탈무드에서는 "적당한 술이 두뇌 활동을 좋게 한다."라고 가르치고 있다. 그러나 동시에 도가 지나치면 지혜를 잃게 됨도 경계하고 있다. 랍비들은 오랫동안 술이 인간에게 훌륭한 약이므로 술이 있는 곳에는 약이 없어도 좋다는 말까지 했다.

랍비 이스라엘은 "술은 마음을 열어 주어 상대를 편하게 만든다."라고 말했다. 그러나 현인들은 술의 즐거움을 말함과 동시에 지나치게 마시는 것은 경계해 왔다. 밤이 되면 많은 사람들이 술에 빠져 취하지만 유대인들은 적당히 마시고, 책을 읽고, 유쾌한 음악에 귀를 기울인다.

탈무드는 "사람이 죽어서 하나님 앞에 설 때에, 하나님이 모처럼 인간에게 준 온갖 즐거움을 애써 피해 온 사람을 싫어한다."라고 말한다. 금욕적인 생활은 모처럼 하나님이 인간에게 주신 여러 가지 즐거움을 무시한 것이기 때문에 내세에서 벌을 받는다고 생각했다. 인간에게 편리한 대로 생각하는 것일지 모르나 이는 인생을 즐기고자 하는 유대인의 태도를 표현한 것이다. 그러나 어디까지나 즐기는 것이나 일하는 것 모두 적당한 선에서 그쳐야 한다. 도를 넘어서는 안 된다.

어느 날 가톨릭 신부와 개신교 목사와 유대교 랍비 세 사람이 함께 식사를 했다. 식탁에는 한 마리의 큰 물고기 요리가 나왔다. 세 사람은 각자 식전(食前) 기도를 했다.

그러고 나서 가톨릭 신부가 "로마 교황은 교회의 머리이니까 나는 머리 부분을 먹겠소." 하고는 고기를 반으로 잘라 머리가 붙은 부분을 가져다가 자기 접시에 놓았다.

다음 개신교 목사가 "우리는 최후의 진리를 장악하고 있으니 꼬리 부분을 먹겠소." 하며 꼬리가 붙은 나머지 반 토막을 자기 접시로 가져갔다. 랍비에게는 소스와 채소가 조금 남겨졌을 뿐이었다. 랍비는 이렇게 말하면서 채소와 소스를 자기 접시로 옮겼다.

"유대교에서는 양극단을 싫어하지요."

이는 유대인의 처세술이 극단적인 것보다 균형을 더 중요시한다는 사실을 기억하는 데 도움이 될 것이다.

무엇이든 적당히 한다는 것이다. 때로는 어긋나서 규제를 벗어날지라도 최소한의 균형을 생각한다.

반면 금욕적인 것을 추구하는 사람들은 술을 비롯하여 모든 인생의 즐거움을 나쁜 것으로 여긴다. 만일 인간이 강한 면만 갖추고 있다면 얼마든지 까다로운 요구를 부과해도 좋을 것이다. 그러나 인간은 누구나 약한 면이 있다. 인간은 강한 면과 약한 면을 동시에 가지고 있다. 그렇다고 해서 약함을 장려하는 것은 아니다.

어느 정도의 허세, 탐욕, 게으름 피우고 싶은 마음 등은 허용된다. 늘 긴장만 한다면 오래 지속하지 못한다. 그래서 약함을 꺼려하고 싫어하기보다는 어느 정도 약함을 인정하는 것이 좋다. 다소의 약점을 지니고 있다는 것이 건전한 면도 있음을 증명하는 것이다.

시간은 생명

내가 뉴욕에서 고등학교에 다닐 때 교사인 랍비가 차고 있던 시계를 풀었다. 그리고 그 뒷면에 "시간을 중요하게 여기시오."라는 경구가 새겨져 있는 것을 보여 주었다. 대부분의 학생들은 그 경구가 너무나도 케케묵은 말이라고 생각했다. 그 랍비는 우리가 별로 감동하는 표정을 보이지 않자 시계를 다시 손목에 차면서 이렇게 말했다.

"미국에는 '시간은 돈이다.(Time is money.)' 라는 속담이 있는데, 나는 이것이 틀린 말이라고 생각합니다. 왜냐하면 이 말이 중대한 오해를 일으키기기 때문입니다. 만약 시간이 돈이라면 이는 자신의 시간을 어떻게 사용하면 좋을지 모르는 사람이나 돈을 어떻게 써야 할지 모르는 사람들에게만 해당됩니다. 바꿔 말하면 시간이나 돈에 대해 알지 못하는 사람들에게나 맞는 말입니다. 안타까운 일입니다."

그리고 계속 말했다.

"시간은 돈보다도 훨씬 귀중한 것입니다. 또 이 두 가지는 전혀 비슷하지도 않고 공통점도 없습니다. 왜냐하면 돈은 저축할 수 있지만 시간은 저축할 수 없으며, 한번 잃어버린 시간은 되돌려 받을 수도 없기 때문입니다. 남에게 시간을 빌릴 수도 없습니다. 그리고 인생이라는 은행에 앞으로 얼마의 시간이 저축되어 있는지 알 수도 없습니다. 그러므로 '시간은 돈이다.'라는 말은 아주 틀린 말입니다. '시간은 생명이다.(Time is life.)'라고 해야 맞습니다."

그때서야 우리 모두 큰 감명을 받았다.

탈무드는 인간을 재는 데에 네 가지 척도가 있다고 한다. 돈, 술, 여자, 시간에 대한 태도다. 그런데 이 네 가지에는 공통점이 있다. 매력적이긴 하나 도를 지나쳐서는 안 되는 것들이다.

랍비는 우리가 졸업하기 직전에 이런 말도 했다.

"소년은 부모가 생각하고 있는 것보다 3년 빨리 어른이 됩니다. 그리고 자신이 그렇게 되었다고 생각하는 2년 후에 진정한 어른이 됩니다. 여러분도 마찬가지입니다."

랍비는 이것이 탈무드에 있는 말이라고 했다. 이는 매우 함축적인 말이었다. 그리고 이렇게 말했다.

"인생에서 돈, 술, 여자, 시간은 도가 지나쳐서는 안 되는 것입니다. 처음의 세 가지는 누구든지 아는 일이지만, 맨 나중의 시간에 대해서는 별로 신경을 쓰지 않습니다. 무심코 쓸데없는 일에 시간을 흘려보내기 쉬우니까요."

물론 어른이 되었을 때 나도 어린 학생들에게 이렇게 이야기했다.

시간에 관해서는 이런 이야기도 있다. 어느 날 두 명의 사나이가 악한에게 쫓겨 깊은 골짜기의 절벽 끝까지 왔다. 골짜기를 건너는 데는 한 가닥의 로프가 걸쳐져 있을 뿐이었다. 그래서 두 사람은 이 로프를 잡고 건너기로 했다.

우선 한 사나이가 줄타기 선수처럼 재빨리 건넜다. 두 번째 사나이가 아래를 내려다보니 깊은 골짜기이므로 두려

움에 떨면서 소리쳤다.

"당신은 어떻게 해서 그렇게 잘 건넜소? 무슨 비결이라도 있소?"

그러자 첫 번째 사나이가 대답했다.

"이런 밧줄을 타는 건 처음이라서 잘 모르겠는데, 한쪽으로 기울어지려 할 때에 또 다른 한 쪽에 힘을 주어 균형을 잡으면서 건넜소."

이것은 인생을 밧줄을 타고 건너는 데에 비유한 이야기다. 인생만큼 균형을 잘 잡고 살아가지 않으면 안 되는 것도 없다. 아마 유대인 처세술의 진수는 균형을 잡는 데에 있을 것이다. 무슨 일이건 지나치지 않도록 알맞게 적당히 해야 한다.

유대인은 다른 종교에서처럼 돈, 술, 여자 같은 것을 죄악시하지 않는다. 앞서도 말했듯이 하나님이 주신 쾌락을 즐기지 못하는 것도 죄가 된다고 생각하고, 또 도가 지나쳐도 죄가 된다고 생각한다.

감정은 시간의 시련을
견뎌 내지 못한다

정열에는 두 종류가 있다. 감정에 의해 노출되는 정열과 이성에 의해 지탱되는 정열이다. 감정으로 뭉쳐진 정열은 위험하다. 감정은 격앙되기는 하지만 오래 지속되지 않는다. 그러나 이성은 일생을 지배할 수가 있다.

이성이 지탱하는 정열을 예로 들면 아인슈타인의 '상대성 원리'가 있다. 아인슈타인은 이성적 정열로 한계에 도전하여 마침내 위대한 금자탑을 세웠다.

유대인은 전통적으로 감정의 정열로 인해 몸을 망치고 실패를 초래하는 일에 대해 강력히 충고하고 있다. 사람은 이와 같은 정열을 경계하지 않으면 안 된다. 감정의 정열은 인생의 톱니바퀴를 어긋나게 한다. 연애도 마찬가지다. 유대인은 좀처럼 격렬한 연애를 하지 않는다. 물론 그들도 인간이기 때문에 연애를 한다. 그러나 연애는 가정을 꾸리기 위해 하는 것이라고 생각하는 것이 보편적이다.

이 책에서 몇 차례 말했듯이 유대인은 중용을 중요시한다. 그리고 과격한 것을 싫어한다. 이것이야말로 유대인 처세술의 요체다. 그렇다고 해서 감정을 무시하는 것은 아니다.

탈무드에는 "마음이 가슴속에 가득 차면 마음은 눈으로부터 넘쳐 나온다."라는 아름다운 표현이 있다. 마음은 눈물이 되어 넘쳐나는 것이다. 이처럼 감정의 존재를 긍정한다. 웃음은 바람의 힘, 울음은 물의 힘이라고 하는 것은 아이들이 울 때에 유대인 부모들이 놀리는 말인데 우습지 않는가?

그러나 진정 존경하는 것은 세월의 시련을 거치고도 가치를 잃지 않는 것이다. 감성은 시간의 시련을 견뎌 내지 못한다.

유대인은 남을 동정(同情, EQ, 사랑·정서·눈물)하는 것을 '라하밈'이라고 한다. 이 말을 들으면 여성 상위를 주장하는 사람들이 크게 기뻐할지도 모른다. '라하밈'이란, 어머니의 자궁을 가리키는 말이기 때문이다. [편역자 주] 히브리 어의 '라하밈'은 '라함(여성의 자궁)'이란 어원에서 나왔다. 랍비들에 의하면 어머니가 아이를 임신했을 때에 태아에게 사랑을 느끼기 때문에 사랑을 라하밈이라 했다고 한다.

라하밈이라는 말뿐만 아니라, 어원이라는 것은 깊은 의미가 있으므로 더듬어 나가면 자못 흥미롭다. 성경에 의하면, 하나님은 이 세상을 정의만이 지배하는 곳으로 만들려 했으나 불가능했다. 그래서 하는 수 없이 인간이 견뎌 낼 수 있도록 동정을 주었다고 말한다.

지나치게 즐기면 생명을 잃는다

항해하던 배가 항로를 벗어나 버렸다. 강한 바람이 불고 며칠 동안 목적도 없이 바다를 표류했다. 이윽고 알지도 못하는 섬에 도착했다. 그곳에서 바람이 완전히 잦아들어 배가 움직일 수 없게 되었다. 섬에는 푸른 수목들이 무성하고 꽃이 만발하여 좋은 향기가 풍겨 왔다. 배의 승객들은 다섯 개의 그룹으로 나뉘었다.

첫째 그룹은 "우리는 배에서 내리지 맙시다. 언제 바람이 불어올지 모릅니다. 바람만 불면, 배는 곧 닻을 올릴 겁니다. 잘못하면 섬에 남겨질 수도 있습니다. 안전을 위해 배에서 내리지 않기로 합시다." 하며 배에 남았다.

며칠 동안 바다 위를 떠돌아 다녔기 때문에 사람들은 배 안의 생활에 진저리가 났다. 그래도 그들은 바람을 기다리며 배에 그대로 남아 있었다.

둘째 그룹은 잠깐 동안만 섬에 상륙하기로 했다. 그들은 육지로 가서 꽃을 모으고 맛있는 과일을 먹고 적당한 시간

에 배로 돌아왔다.

셋째 그룹은 배에서 내려 섬에서 충분히 즐겼다. 그러는 동안 시간이 흐르는 것도 잊었다. 배가 닻을 감아 올리는 것을 보고서야 허둥지둥 돌아왔다. 이 때문에 배에서 차지하고 있던 편안한 자리를 빼앗기고 비좁은 자리로 옮겨야 했다.

넷째 그룹은 섬에 머무는 동안 너무나 즐거움에 몰입하는 바람에 배의 출발을 알리는 종소리를 듣고서도 아직 돛을 올리기까지 시간이 충분하다고 생각했다. 계속 돛을 펼쳐 올리기까지는 시간이 더 있다고 말하면서 최후의 순간까지 섬에서 즐기고자 했다. 배가 진짜로 움직이려고 하자

그제야 허둥지둥 돌아오기 시작했다. 너무 당황해서 나무들 사이를 달려 빠져나올 때에 상처를 입거나 굴러 넘어져서 다치기도 했다. 그때 생긴 상처는 항해가 끝날 때까지도 낫지 않았다.

다섯째 그룹은 섬에서 즐기는 데에 완전히 정신을 빼앗겨 배가 출항하는 것도 알아차리지 못했다. 섬에 그대로 남겨진 사람들은 짐승들에게 잡아먹히거나 병으로 쓰러졌다.

이 이야기는 우리에게 절제된 생활을 하라는 교훈을 준다. 배는 인생의 목표이며 섬은 인간을 유혹하는 쾌락이다. 랍비들은 첫째 그룹의 생각도 잘못된 것이라고 말한다. 긴 항해는 괴로운 것이어서 이와 같은 섬이 있다면 잠시나마 내려서 즐겨야 한다. 따라서 적절하게 섬 생활을 즐긴 둘째 그룹의 처신이 현명하다. 셋째, 넷째, 다섯째 그룹으로 가면서 점점 더 쾌락에 깊이 빠져 들어갔다. 특히 다섯째 그룹은 자신들의 장래에 대해 완전히 잊어 버렸기 때문에 멸망을 당한 것이다.

잡초와 녹의 고마움

아무리 쓸모없는 것이라도 도움이 되는 수가 있다. 어느 날 한 농부가 허리를 굽히고 뜰의 잡초를 뽑고 있었다. 얼굴에서는 땀방울이 뚝뚝 떨어졌다.

"지긋지긋한 이 잡초만 없다면 고생을 안 해도 되고 밭도 깨끗할 텐데, 어째서 하나님은 이와 같은 잡초를 만드셨을까?"

그는 혼자서 중얼거렸다. 그러자 이미 뜰의 한쪽 구석에 뽑혀진 잡초가 그 농민에게 이렇게 말했다.

"나를 지긋지긋한 존재라고 말하는데 니도 한 마디 합시다. 당신은 우리가 얼마나 고마운 존재인지 모르고 하는 소리요. 우리는 땅속으로 뿌리를 뻗쳐서 흙을 갈아 주고 있소. 그런데 우리를 뽑아낸다면 아마도 흙을 갈 수가 없을 것입니다. 게다가 우리는 비가 내릴 때에 진흙이 흘러내리지 않도록 막아 주고 건조할 때에는 바람이나 모래, 먼지가 일어나는 것을 막아 주고 있소. 그러므로 우리는 당신의 밭을 지켜 온 것입니다. 만일 우리가 없었다면 당신이 꽃을 기르려고 해도 비에 흙이 씻겨 내리고 바람에 흙이 날려서 당신은 더 곤란해졌을 것이오. 그러므로 꽃이 아름답게 피었을 때, 우리의 공로도 생각해 주었으면 합니다."

농부는 이 말을 듣더니 자세를 똑바로 하고 얼굴의 땀을 씻었다. 그리고 가볍게 웃었다. 이후로 잡초를 소홀히 생각하지 않았다.

쇠의 녹은 도움이 되는 것이 아니라고 생각할지도 모른다. 그러나 그렇지 않다. 하나님의 창조 행위는 날마다 진행된다. 인간도 이 창조의 행위에 참가하고 있다. 자연의 법칙에 따르면 우리는 날마다 다시 태어난다. 지식에서 패션까지 날마다 달라지고 있다. 그러므로 세계는 시시각각 창조 행위가 진행되고 있다고 생각해도 좋다. 녹도 이와 같은 창조적 행위에서 한몫을 하고 있다.

우선 창조하려면 낡은 것을 파괴해야 한다. 새로운 탄생은 언제나 낡은 것이 파괴된다는 바탕 위에 있다. 쇠의 녹은 오래된 것을 제거한다. 만약 녹이 없다면 하찮은 것들로 가득 차 버릴 것이다.

인간에게도 녹과 같은 현상이 나타난다. 예를 들면 기억이 희미해지는 경우이다. 우리는 오래 전의 일들을 잊어버리기 때문에 모든 과거의 기억을 간직하지는 않는다. 그러므로 새로운 문제에 대해 분명하게 생각할 수 있는 것이다.

나이를 먹으면 기억력이 나빠진다고 하는데, 하나님이 늙은 사람에게 안락을 주시기 위해 기억력을 약화시키고, 부드러운 것만을 섭취하도록 이를 퇴화시킨 것이다. 사람이 가장 기쁠 때는 감사를 받을 때다. 무슨 일이든 감사하는 습관을 붙이는 것은 살아가는 데 중요하다.

모든 일에는 좋은 면과 바람직하지 못한 면이 있다. 그러나 종종 바람직하지 못하다고 생각했던 것에도 무언가 도움이 될 만한 요소가 포함되어 있다. 그러므로 무슨 일이든 머릿속으로 도움이 되지 않는다고 생각해서는 안 될 것이다.

감사하는 마음은 겸손한 태도로부터 솟아난다. 그리고

겸손해지면 시야가 넓어진다. 지금까지 상대도 하지 않던 사람이나 사물이 눈에 들어온다. 그리고 농부에게 말을 걸어 온 잡초와 같이 상대가 당신에게 접근해 올 것이다. 우리는 상인과 같다. 거만한 상인보다 겸손한 상인에게 당연히 고객이 많다.

그러나 비굴해서는 안 된다. 상대에게 호감을 얻기 위해 아무래도 좋으니까 허리를 굽실거리라는 말이 아니다. 겸손함은 긍지라고 하는 샘에서 솟아나오는 물이다. 그러므로 상대가 아무짝에도 도움이 되지 않는다고 판단한 연후에 잘라도 충분하다. 관용의 마음에는 한정이 없어도 시간에는 한정이 있다. 겸손과 관용을 혼동해서는 안 된다.

실패를 기념하라

유대인은 역사적으로 패배한 날이나 굴욕적인 날을 기념하는 보기 드문 민족이다. 유대인은 종종 패배의 천재라고 불린다. 왜냐하면 유대인은 패배를 기억하는 것으로부터 힘이 생겨난다고 믿고 있기 때문이다.

다른 민족은 승리의 날만 기념하고 실패한 날을 기억조차 하지 않으려고 한다. 그러나 실패를 잊어서는 안 된다고 말하는 것은, 실패가 너무나도 귀중한 교훈이기 때문이다. 실패만큼 좋은 학교는 없다.

유대인의 축제일 가운데서 가장 큰 것이 유월절이다. 영어로는 '패스오버(Passover)'라고 한다. 이전에 유대인이 이집트에서 노예 생활을 하다가 해방되어 이스라엘 땅(가나안)으로 되돌아간 것을 기념하는 날이다. 이날 전 세계 유대인들은 자신이 거주하는 지역 사회에 모두 모여 해방된 날을 축하한다. 아주 먼 옛날이지만 유대인은 모세의 인도를 받아 홍해와 사막을 건너서 이스라엘 땅까지 이르렀다.

지금도 유월절을 기념하는 날 밤에는 유대인들은 이집트에서 노예 생활을 할 때 먹었던 '마짜'(효소를 넣지 않은 빵)라는 딱딱한 빵을 먹는다. 이것은 민족이 한 번 받은 굴욕을 문자대로 되씹어 보려는 의미가 있다. **편역자 주** '효소'는 현대 말이고 성경에는 '누룩'이라고 되어 있다(출 12장). '누룩'은 죄를 뜻한다. 따라서 유월절 절기에는 누룩을 철저하게 제거하기 위하여 거의 한 달 동안 청소를 한다. 자세한 것은 《IQ는 아버지 EQ는 어머니 몫이다》(현용수, 쉐마, 2005) 제1권 제3부 제4장 II. 1. A. '육적 청결' 참조.

유월절은 축하하는 날이지만 유대인들은 이집트에서 400년간 노예로 살며 학대받고 모욕받은 체험을 마치 어제의 사건인 것처럼 이야기한다. 유월절 만찬에는 한국인들이 설날 음식을 만들어 먹듯이 유대인도 몇천 년 동안 똑같은 음식을 만들어 먹고 있다. **편역자 주** 유대인의 유월절에 관한 더 자세한 내용은 편역자의 저서 《잃어버린 지상명령 쉐마》(쉐마, 2006) 제3부 제3장 II. 1. '유월절' 참조.

■ 유대인은 승리의 날보다 패배의 날을 더 기념한다. 그들은 자녀들에게 고난을 기억하는 한 유대인은 구원받을 수 있다고 가르친다. 사진은 유월절 절기 음식(Seder). 400년간 이집트에서의 노예 생활을 기억하기 위한 고난의 떡인 '마짜'(밑부분)와 '쓴 나물', '삶은 달걀'을 먹는다. 달걀은 열이 없을 때는 물 같지만 열을 가하면 단단해진다. 유대인의 신앙도 고난의 열을 받을 때 단단해진다는 교훈을 새기기 위한 것이다.

예를 들면 유월절 식탁에는 쓴 나물이 나온다. 이것은 과거 패배의 쓴맛을 회상하기 위해서다. 쓴 나물은 축하연의 식탁에는 나오지 않는 음식이다. 앞에서 말한 바 있는 '마짜'라는 빵도 마찬가지다. 그리고 반드시 단단하게 삶은 달걀이 나오고 마지막에는 '아라챠'라는 술을 마신다. 이것은 최후의 승리를 의미한다.

이러한 음식물은 상징적인 의미를 갖는다. 삶은 달걀은 왜 먹는 것일까? 다른 재료들은 삶으면 부드럽게 변하지만 달걀은 삶으면 삶을수록 단단해지기 때문이다. 인간도 고난에 부딪힐수록, 패배를 거듭할수록 강해진다는 의미가 포함되어 있다.

"어떻게 행동하면 좋을까?"도 실제 행동을 통해서 배울 수밖에 없다. 인생에는 성공하는 일도 있고 실패하는 일도

있다. 성공만 기억하는 자는 또다시 실패한다. 성공은 사람의 마음을 해이하게 하고 방심하게 만든다. 반면 실패는 사람들을 긴장시키고 경계하게 만든다. 실패는 좋은 스승이다. 모처럼 배운 것을 잊어 버려서는 안 된다. 인간은 체험을 통해 배워 가는 것이다.

실패는 성공보다 귀중하다고 생각되기도 한다. 한 번도 실패해 보지 않은 사람은 없다. 죄가 하나도 없는 인간이 없듯이… . 그러나 진정한 의미의 실패는 똑같은 실패를 두 번 되풀이하는 것을 말한다. 한 번의 실패는 부끄러울 것이 없다. 그러나 두 번 똑같은 실패를 한다면 부끄러워해야 할 일이다. 그래서 실패는 과거로 돌려보내고, 성공은 미래라는 공간으로 불러들여야만 한다. 실패의 교훈을 바탕으로 미래에서는 실패를 반드시 제거해야 한다.

실패의 체험을 기억하는 것은 굉장히 중요하다. 우리는 괴로울 때에는 이전의 즐거웠던 일을 회상하지만, 즐거울 때에는 괴로웠던 기억을 떠올리고 싶어 하지 않는다. 그러나 유대인 비즈니스맨들 가운데에는 사무실 벽에 실패해서 고통당했던 때의 계약서를 걸고 놓는 사람도 있다. 배우는 일은 고통을 수반한다. 고통을 회상해 보는 것도 좋은 공부가 된다.

실패를 잊고 싶어하는 것은 인간의 본성이다. 그러나 심한 실패일수록 잊기보다는 그것을 회상하려는 노력이 필요하다. 미래에 기다리고 있을지도 모르는 실패는 유쾌한 일이 아니지만 과거의 실패는 우리의 삶에 큰 도움이 된다.

편역자 주 더 자세한 것은 《IQ는 아버지 EQ는 어머니 몫이다》(현용수, 쉐마, 2005) 제3권 제7부 '유대인의 고난의 역사교육' 참조.

타협의 조건

　　　　　　　　오늘날 진정한 의미에서 자유 민주주의 국가는 많지 않다. 그 중에서도 어떠한 상황에 처하더라도 절대로 군부 쿠데타가 일어나지 않을 나라, 바꾸어 말하면 사회의 뼛속까지 민주주의가 스며들어 있는 나라는 열 손가락으로 꼽을 정도다. 영국, 미국, 네덜란드, 벨기에, 스웨덴, 노르웨이, 덴마크, 스위스, 캐나다, 이스라엘 정도일 것이다. 서독, 프랑스(1950년대 알제리 위기 때 군부가 쿠데타를 시도했다.), 이탈리아에서는 위기 상황에서 쿠데타나 폭력에 의한 정권 교체도 가능하다고 여겼다. 편역자 주 이 책이 쓰인 시점이 1970년대라는 것을 감안하기 바란다.

　최초의 민주주의를 시작한 나라들의 공통점은 오랜 전통을 중요하게 생각한다는 점이다. 영국, 네덜란드, 벨기에, 스웨덴, 노르웨이, 덴마크는 왕실을 존중하고, 스위스, 미국, 캐나다, 이스라엘도 역사를 존중하고 전통에 대한 자부심을 갖고 있다.

민주주의 국가에서 특별히 전통을 중요하게 여기는 까닭은 무엇일까? 내가 일본에 있는 동안 와세다 대학에서 강의를 한 적이 있는데, 그때 학생들로부터 오래된 것과 민주주의는 용납할 수 없다는 말을 들었다. 민주주의는 새로운 것이며, 또 날마다 새롭게 변해 가기 때문에 오랜 전통은 도리어 민주주의의 발전을 저해한다고 생각하는 것 같았다.

그 후 나는 골다 메이어의 자서전 《나의 생애(My life)》(1976년)를 읽었다. 골다 메이어라고 하면 이스라엘의 여성 총리로 동양에도 널리 알려져 있다. 그녀는 젊은 시절을 미국에서 보냈는데, 노동운동의 투사였다. 골다는 러시아에서 태어났지만 유대인 부모를 따라 미국으로 이민을 갔고 1917년 밀워키에서 모리스 메이어슨과 결혼했다.(이스라엘로 옮긴 후 히브리 식 이름인 메이어로 개명했다.) 이 책에서 골다는 젊은 시절을 다음과 같이 회상하고 있다.

모리스와 나는 사회주의자였다. 결혼하기 전에 나는 어머니와 오랜 시간에 걸쳐 상의를 해야만 했다. 어머니와 나는 서로 의견이 맞지 않아 감정의 골이 깊었다.

  모리스와 나는 시청에 가서 결혼신고만 하면 손님을 초청해서 피로연을 할 필요도 없고, 또다른 귀찮은 일도 없을 것이라 생각하고 있었다. 전통에 대해서는 관용의 마음을 가지고 있지만 그 어떤 것도 우리의 행동을 속박할 수 없다고 믿고 있었다. 그러나 어머니는 만약 시청에 신고하는 것으로 결혼식을 끝낸다면 유대인 거리에 얼굴을 내밀 면목이 없으며, 가족의 수치이므로 더 이상 밀워키에 머물러 수 없다고 완고하게 버티었다.

  전통 의식에 따라 결혼을 해야 한다는 주장이었다. 그리고 어머니께서 "그것이 너희에게 무슨 해가 되니?" 하고 말씀하셨을 때 모리스와 나는 15분 동안 훗파(유대식 결혼식에서의 신부를 위해 만들어진 천막) 아래 선다고 손해될 것은 없다며 타협을 했다. 우리는 양쪽 친구들도 초대했다. 결혼식 주례는 밀워키의 유명한 랍비 중 한 사람인 숀펠트 씨가 맡아 주었다.

어머니는 돌아가시기 전까지 랍비 숀펠트 씨가 우리 결혼을 위해 집까지 와 주었고 게다가 어머니가 만드신 케이크를 맛있다고 말해 준 것을 자랑으로 여기며 즐겁게 이야기하시곤 했다. 지금에 와서 생각해 보면, 그날 어머니를 얼마나 기쁘게 해 드렸던가! 그냥 시청에 결혼신고를 하러 가지 않은 것이 얼마나 잘한 일인가를 생각하면 흐뭇하기만 하다.

 동양에는 이와 비슷한 오랜 전통과 관습을 가진 나라들이 많다. 멋있는 고옥과 가족주의, 독특한 경어 사용과 같은 다양한 전통과 관습이 있다. 이러한 관습을 지키는 것은 아무런 해가 되지 않는다. 도리어 민주주의를 확고한 것으로 만드는 데 도움이 된다.
 민주주의 사회는 일원적인 전체주의 사회와 달리 사람들이 자기 나름대로 주장을 할 수 있는 다양성이 존재한다. 자유 진영 국가의 텔레비전 토론을 보면 여섯 사람의 패널이 제각기 다른 의견을 가지고 있는 경우가 많다. 이것이 다원주의다. 이와 같은 민주주의 사회를 정착시키는 것은,

전통이라는 공통의 자산이 있기 때문이다. 하물며 전통을 중요시한다 해서 손해 볼 일이야 없지 않은가!

사람들이 전통을 공유하여 중요하게 여김으로써 사회가 공동의식을 갖게 되고 공통분모 위에서 다양한 가치를 추구할 수 있다. 그러므로 참 민주주의 국가에서는 전통을 특별히 강조하고 존중한다. 과거의 유산과 전통을 중요시하는 나라가 민주주의 국가가 된다는 점에 주목해야 할 것이다.

유대인은 전통을 아주 중요하게 여긴다. 그렇게 함으로써 민족성을 유지해 왔다. 한쪽 눈은 어제의 전통을 들여다보면서, 다른 한쪽 눈은 미래를 응시하는 것이다. 탈무드는 이렇게 말한다.

"자신의 머리로 전통의 의미를 생각하지 않는 자는 다른 사람의 손에 이끌려 다니는 시각장애인과 같다."

제3장

사랑이란
Talmud

사랑을 잼이다

유대인은 격렬한 연애를 좋아하지 않는다. 그러나 인간이기 때문에 연애를 한다. 연애 자체를 부정하지는 않지만 어디까지나 올바른 눈으로 남녀관계를 바라보는 것이다.

탈무드에서는 인간이 감출 수 없는 것이 세 가지 있다고 말한다. "기침, 가난, 사랑하는 마음이다." 그러나 동시에 "열정 때문에 결혼하더라도 그 열정의 흥분은 오래 계속되지 않는다."라고 경계하고 있다.

사랑이 격렬할수록 그 사랑의 생명은 짧다. 흥분은 오래 지속되지 않는 법이다. 탈무드에는 사랑에 대한 경고가 많이 나온다.

"사랑은 잼이다. 그러나 인생이라는 빵과 한꺼번에 먹지

않으면 살아갈 수 없다."

유대인은 현실주의자인 것이다. 또 탈무드는 이렇게 말한다.

"사랑은 정신을 혼동시킨다."

"경솔하게 사랑하면 크게 잘못된 결과를 낳는다."

"사랑과 증오는 언제나 과장된다."

"신혼여행은 일주일로 끝난다. 그러나 일생은 일주일로 끝나지 않는다."

진정한 남녀 평등

여자에 대해 이야기해 보자. 유대인은 부계 중심 사회를 만들어 왔다. 유대인의 가정에서는 아버지가 권위를 갖고 있다. 그렇다고 하여 여성을 소홀히 다룬 적은 없다.

하나님이 주신 십계명에서도 남녀는 평등하다. 이스라엘 사람을 이집트 사람의 손에서 해방시키는 데 가장 공헌한 사람은 모세와 그의 누나 미리암이었다. 고대 유대 독립의 영웅으로 드보라는 여성이 있다. 성경의 잠언에는 여자와 어머니를 찬양한다.

히브리 어로 가장 높은 가치를 지닌 말이 '라하밈'인데 이는 '어머니의 희생적인 사랑(unselfish mother's love)'이라는 의미다. 유대의 속담에 "하나님이 모든 곳에 있을 수가 없으므로 어머니를 만드셨다."는 말도 있다.

또 유대 사회에서는 남자가 독립하여 아내를 맞아들이지 않는 한 떳떳하게 한 남자로서 대접을 받지 못한다. 이상적인 남성이란, 사나이의 강함과 여자의 부드러움을 겸비한 자라고 한다. 탈무드에는 다음과 같은 아름다운 말이 쓰여 있다.

"당신의 아내를 당신 자신을 사랑하듯이 사랑하고, 중요하게 지키십시오. 여자를 울려서는 안 됩니다. 하나님은 그녀의 눈물을 한 방울, 한 방울을 세실 것입니다."

여성은 유대의 전통에서 중요한 위치를 차지한다. 예를 들면 매주 금요일 안식일 만찬 때는 가족들이 모두 모여서 식사를 하는데, 남편은 다음과 같이 아내를 찬양하는 노래를 불러야 한다.

"당신은 힘과 부드러움을 함께 겸비하고 있다. 당신이 입을 열면 지혜 있는 말이 넘쳐흐른다. 하나님이 당신을 축복하시고 당신의 아이들을 지켜 주시기를 빈다……."

그리고 아내가 촛불을 켠다.

또 탈무드는 이렇게 가르치고 있다.

"만일 남녀 고아가 있다면 우선 여자 아이를 구하라. 남자 아이는 혼자 구걸해도 되지만 여자는 그렇게 하는 것이 허락되지 않기 때문이다."

유대인들은 남편이 아내를 때리는 것을 가장 수치스러운 일로 여긴다. 그러나 다른 민족에서는 이런 일이 다반사로 일어난다. 예를 들면 중세의 가톨릭 교회법은 필요하다면 아내를 때리는 것을 허용했다. 영국에서는 15세기 말까지 법으로 아내를 때리는 것을 장려했으며, 19세기에는 아내를 매매하는 것도 허용되었다. 이것은 토머스 하디의 소설 《캐스터브리지의 시장》에도 나온다.

다른 문화권에서는 아내를 때리는 것이 비가 내리듯이 자연스러운 일이었던 시절에도 유대 사회에서는 고대부터 아내를 때린 자에 대해 엄중한 벌이 내려졌다. 또 아내가 소송만 제기하면 이혼을 할 수가 있고, 남편으로부터 위자료를 받아낼 수가 있었다.

유럽에는 이런 오랜 속담이 있다.

"유대인은 굶주릴 때에 노래를 한다. 기독교인은 굶주릴 때에 아내를 두들긴다."

하나님은 아담이 잠든 동안 아담의 갈비뼈 하나로 이브를 만들었다. 창세기에는 그렇게 쓰여 있지만, 고대의 랍비들은 어째서 남자가 여자를 찾고, 여자는 남자를 사모하는가에 관해 다음과 같이 설명했다. 남자는 자신의 갈비뼈를 되찾으려 하고, 여자는 자신이 생겨난 남자의 가슴으로 돌아가려고 한다. 이 힘이 서로를 끌어당겨 남녀가 맺어진다고 생각했던 것이다.

미국에서는 남편에 의해 강간을 당했다며 아내가 법원에 호소하여, 그 호소가 인정된 사건이 있었다. 유대에서는 옛날부터 이 같은 일을 인정했다. 즉 남편은 아내가 기분이 내키지 않을 때에 성관계를 강요할 수는 없다. 소위 남편의 강간죄라고 하는 것이 유대의 율법 속에 존재했다는 것이다.

마이모니데스는 "여자에게 뜻이 없다면 남자는 자신의 욕구를 강요할 수 없다."라고 말했다. 유대인 사회에서는 이혼율이 매우 낮다. 그것은 유대인 남성이 상대 여성을 소중히 여기는 전통에서 비롯된 것이다.

예를 들면 유대인 남편은 아내를 강간해서는 안 될 뿐만 아니라, 만약 성관계를 맺을 때에는 충분히 오랜 시간에 걸쳐 전희를 하지 않으면 안 된다. 자기 혼자서만 절정에 이르는 것은 금지되어 있다.

그러나 유대의 전통 가운데에는 남성 위주의 것도 많다. 특히 교육에서 모든 남자 아이들은 6세가 되기까지 성경을 읽지 않으면 안 되지만 여자 아이는 반드시 그렇지는 않았다. 그러나 여성이 교육 받는 것을 금지하지는 않았다. 예를 들어 1475년 로마의 유대인 사회에서는 여성을 위한 탈무드 토라(학교)가 설립되어 있었다. 그러므로 같은 시대의 다른 여성들과 비교하면 교육의 정도가 그만큼 높았음을 알 수 있다. 전후 이스라엘에서 세계 어느 나라보다 먼저 골다 메이어와 같은 여성 총리가 탄생한 사실을 기억하기 바란다.

그러나 동시에 유대인 여성들은 남성들이 공부하는 것을 돕고, 사업에 성공할 수 있도록 도와야 하며 육아, 가사에 주력하는 것을 중시한다. 편역사 쭈 "여성들이 남성들이 공부하는 것을 돕는다."는 뜻은 "아내가 남편이 성경이나 탈무드를 공부하는 것을 돕는다."는 뜻이다.

탈무드에는 다음과 같이 쓰여 있다.

"하나님이 여자를 만들 때 남자의 머리로 만들지 않으셨다. 이것은 남자를 지배해서는 안 되기 때문이다. 또 하나님이 여자를 남자의 발로 만들지 않으셨다. 그것은 남자의 노예가 되어서도 안 되기 때문이다. 왜 남자의 갈비뼈로 여자를 만들었는가는 언제나 여자가 남자의 가슴 곁에 있도록 하기 위해서였다."

창세기에 나오는 남자의 갈비뼈로 여자를 만들었다고 하는 이야기는 결코 유대인에게만 전해 오는 이야기는 아니다. 폴리네시아 인, 버마 인, 시베리아의 타타르 인, 혹은 캘리포니아 인디언 등에도 이와 비슷한 전설이 있다.

어느 문화인류학자는 갈비뼈로 여자를 만들었다는 전설은 선교사가 구약 성경의 이야기를 전도하는 가운데 그들의 전설 속으로 스며들어간 것이라고 주장하기도 한다.

어찌됐든 남자에게 여자는 영원한 수수께끼다. 여자만큼 다루기 힘든 존재도 없는 것이 사실이다. 유대인의 미드라쉬에는 다음과 같은 이야기가 실려 있다.

알렉산더 대왕이 여자들만 살고 있는 고을을 점령하려

고 했다. 그러자 여자들이 뛰쳐나와 이렇게 말했다.

"만일 대왕께서 우리 모두를 죽인다면 온 세계는 당신을 향해 이렇게 말할 것입니다. '대왕이 여자를 죽였다!' 또 만일 우리가 당신을 죽인다면 세계는 이렇게 말할 것입니다. '어떤 대왕인가? 여자한테 죽임을 당한 자는!' 이라고 말입니다."

이래서 남자는 설 곳이 없다. 그래서 탈무드에는 악처를 경계하는 다음과 같은 말이 쓰여 있다.

· 부모에게 가장 불행한 일은 어리석은 자식을 가진 것이고, 남자에게 가장 불행한 일은 악처를 가진 것이다.
· 폭우는 남자를 집 안에 가두어 두지만 악처는 남자를 집 밖으로 쫓아낸다.

성경에도 다음과 같은 말이 있다.

다투는 여인과 함께 큰 집에서 사는 것보다 움막에서 혼

자 사는 것이 나으니라. (잠 21:9)

어진 여인은 그 지아비의 면류관이나 욕을 끼치는 여인은 그 지아비의 뼈가 썩음 같게 하느니라. (잠 12:4)

탈무드에는 다음과 같은 말도 쓰여 있다.
"어떤 남자에게는 악처란 가공하지 않은 돌과 같다. 석공이 돌을 사랑하듯이, 사랑하는 마음으로 아내를 다루는 자도 있다."

질투는 천 개의 눈을 가졌다

여자는 질투심이 강하다. 사랑은 맹목이라고 말하는데, 질투야말로 맹목이다. 그래서 유대 속담에 질투는 천 개의 눈을 가졌다는 말이 있을 정도다. 여자의 질투도 감당키 어렵지만 남자의 질투도 만만치 않다. 유대인들 사이에 옛날부터 전해 내려오는 수수께끼에 이런 것이 있다.

"랍비님, 당신은 모든 것을 다 알고 계시니까 묻겠습니다. 만일 아담이 에덴에서 외박을 하고 아침에 돌아왔다면 이브가 어떻게 했을지 가르쳐 주십시오."

에덴동산에는 아담과 이브만 살고 있었으므로 랍비의 대답은 이렇다.

"이브는 아담의 갈비뼈 수를 헤아릴 것이요. 이브는 아담의 갈비뼈로 만들어졌으므로 만일 갈비뼈가 한 개 더 모자라면 또 한 명의 여자가 생긴 것이기 때문입니다."

하긴 질투에 눈이 멀어도 이 정도의 합리성이 있다면 그리 대단한 것은 아닐지도 모른다.

"사랑은 맹목이지만 질투는 맹목보다 더 나쁘다. 보이지 않는 것까지도 보게 되니까."라는 속담도 있다.

질투만큼 무서운 것도 없다. 성경의 잠언은 이렇게 질투를 경계하고 있다.

> 분은 잔인하고 노는 폭풍과 같거니와 투기 앞에 누가 서리요. (잠 27:4절)

질투는 보이지 않는 것까지도 보았다고 말한다. 꼬리에 꼬리를 물고 망상을 낳는다. 성경의 창세기에 인간은 하나님이 먹지 말라고 한 금단의 열매를 먹음으로써 인간의 불행이 시작되었다고 한다. 이 금단의 열매가 사실 지식의 나무에 열린 것이다. 인간은 앎으로써 불행해진다는 것을 경고하고 있다.

어설프게 아는 것은 정말 무서운 일이다. 그런 식으로 아는 것은 망상의 방아쇠가 된다. 그래서 "질투에 눈이 어두워진 마음은 뼈까지 썩게 한다." 일이 이렇게까지 되면 "분노는 한없이 홍수처럼 넘쳐 나와서 억제할 수 없게 된다."는 것이다.

그러나 서로 사랑하는 두 사람의 경우, 질투도 애정의 기준이 된다는 사실을 잊어서는 안 된다. 질투의 불마저 다 사라져 버렸다면 이별의 날이 가까웠음을 알아야 할 것이다.

그러므로 탈무드도 이렇게 말하고 있다.

"시샘하지 않는 연인은 진심으로 사랑하지 않는 것이다."

하나님은 결혼 중매인

유대인에게 결혼은 신성한 것이다. 우선 창세기에서 "생육하고 번성하여 땅에 충만하라"(창 1:28)고 하나님이 명령하셨다. 또 하나님은 남자가 일정 연령에 달하면 부모 곁을 떠나 아내를 맞아들여 한 몸이 되지 않으면 안 된다고 하셨다. 즉 결혼을 하는 것은 남녀 모두가 하나님에 대한 의무를 이행하는 것이라고 생각했다.

따라서 탈무드는 18세가 되면 결혼해야 한다고 가르친다. 고대의 랍비들 가운데는 열네 살에 결혼해야 한다고 주장하는 사람도 있었다. 유대인들은 오랫동안 결혼은 하나님이 참가하는 것이라고 생각해 왔다.

조할에 의하면, 하나님이 하늘에서 혼을 만드실 때에 하나의 혼을 두 개로 나누어 남녀로 만든 다음 지구로 보내신

▎유대인의 결혼식은 랍비와 신랑, 신부 세 사람이 '훗파'라는 장막 속으로 들어가 치른다. 이는 새로 꾸미는 가정이 하나님이 함께하시는 성전임을 뜻한다.
사진은 결혼 순서에 의하여 훗파 속 신부가 남편의 주위를 일곱 바퀴 도는 모습. 아내가 남편을 온전히 돕고 지킬 때 남편은 하나님 앞에 바로 설 수 있다는 뜻이다.

다. 그래서 결혼은 두 개의 것이 하나로 다시 원상 복구하려고 다가와 맺어지는 것이라고 말한다.

유대인 사회에서는 오랫동안 '샤드한(shadchan)' 이라는 직업적 중매인이 활약해 왔다. 이 중매인은 여러 마을이나 도시에서 적령기의 총각과 처녀를 파악해 두었다가 그들을 서로 알맞게 맺어 주는 일을 했다. 하지만 유대인에게 가장 유능한 '샤드한'은 하나님이다.

탈무드를 비롯한 유대인의 오랜 책들은 결혼을 찬양하고 동시에 그것을 즐거워한다. 유대인 사회에서는 며느리와 시어머니의 분쟁이 적다고 한다. 왜냐하면 같은 지붕 아래서 부모와 함께 사는 것을 금지하고 있기 때문이다. 앞에서 본 창세기에 나오는 "부모의 곁을 떠나 아내를 맞아들인다"고 한 규정을 기억하기 바란다. 편역자 주 유대인 아들은 결혼을 하면 부모와 한 지붕에서는 살지 않아도 이웃해 살면서 부모에게 효도를 한다. 더 자세한 내용은 《IQ는 아버지 EQ는 어머니 몫이다》(현용수, 쉐마, 2005), 제2권 '유대인의 효도교육' 참조.

· 젊은 남자가 결혼하면 그는 어머니를 떠난다.
· 아침에 일찍 일어나는 것과 일찍 결혼하는 것은 나쁜 것이 아니다.
· 결혼하면 죄가 감해진다. 여자 쪽이 빨리 결혼해야 한다고 말함은 여자가 남자보다도 죄가 많기 때문이다.

- 젊은 남자는 결혼하기 전까지는 부모를 사랑하지만, 결혼하고 나면 애정은 아내에게로 옮겨진다.
- 살아 있던 남자가 '훗파'에 들어가서는 시체가 되어 나온다.

물론 이처럼 결혼과 관련하여 좋지 않은 말도 있다.

> **편역자 주** '훗파'는 유대인이 결혼할 때에 신랑 신부가 그 아래로 들어가는 캐노피(canopy, 텐트 같은 것)를 가리킨다.

유대인은 관습에 따라 남자 아이가 태어나면 삼나무를 심고, 여자 아이가 태어나면 소나무를 심는다. 그리고 두 사람이 결혼할 때에 나뭇가지로 캐노피를 만든다. 동양인들이 배워야 할 것은 자녀가 독립하여 결혼을 하면 간섭하지 않고 대등하게 대해야 한다는 부분이다. 아들의 독립을 중요시해야 하는 것이다.

내가 일본에 머물 때에 종종 라디오에서 하는 '인생 상담' 프로그램을 들었는데, 시어머니와 며느리의 관계, 모자 관계에 관한 호소가 많았다. 이것을 듣고 동양의 아들들은 더 빨리 젖떼기(독립)를 해야 한다고 생각했다.

조혼의 함정

조용히, 그러나 중요한 변화가 미국 사회에서 진행되고 있다. 이것은 하나의 혁명이라고 해야 할지도 모른다. 젊어서 결혼하는 사람들이 증가하고 있는 것이다. 이것을 우습게 여기는 이도 있겠지만 내가 청년 시절에는 학부생이나 대학원생 중에 결혼한 사람이 드물어서 희귀한 존재로 취급받았다.

그러나 일찍 결혼하는 사람이 늘고 있는 이유에 대해 사회학자의 분석에 따르면, 조혼이 행복감이나 안정감을 주기 때문이라고 한다. 조혼이 바람직하다거나 바람직하지 않다거나 하는 문제는 아무래도 좋다. 그러나 조혼의 결과에 대해서는 크게 관심을 기울이고 있다. 우선 걱정스러운 점은 젊은이들이 상대를 선택할 때에 몇 가지 중요한 요소를 고려하고 있느냐다.

예를 들면 성장 과정이 어떠했는가, 어떤 취미를 가지고 있는가, 종교를 포함하여 어떤 사고방식을 가지고 있는가 하는 것 등이다. "사랑은 맹목이다."라는 말이 있다. 그러나 사랑이 모든 것을 극복하고 해결해 줄 것이라고 생각한다면 큰 혼란이 생긴다. 두 사람의 사랑이 불타오르면 아무리 보아도 불행의 함정이 보이지 않는다. 그래서 서로가 참으면 행복한 결혼 생활을 이끌어 나갈 수 있다고 속단한다. 그 결과는 무엇인가?

조혼이 실패로 끝나는 예는 놀라울 만큼 많다. 세간에서는 결혼하면 모든 문제가 해결된다고 생각하는 경우가 많은데 문제가 해결되는 것이 아니다. 설사 해결된다 하더라도 또 새로운 문제가 생겨난다. 내 생각으로 결혼 후 2~3년이 가장 어려운 시기다. 이 시기가 지나면 결혼의 안정성과 만족감도 해마다 커지게 된다. 나는 여기에서 결혼이라는 항해에 얽혀드는 몇 가지 애로점을 들어서, 앞으로 여러분이 무난히 항해를 할 수 있도록 도와드리고자 한다.

첫째, 상대를 충분히 이해해야 한다. 로맨틱한 연애 감정으로 상대를 선택하면 그 결혼은 오래가지 못하는 경우가 많다. 잠에서 깨어 현실 감각을 가져야 한다. 이것이 기본적 조건이라 할 수 있다.

예를 들면 결혼하고 나서야 비로소 상대방의 참 모습(성격이나 기질)을 알게 되는 경우, 결혼 이전에는 사랑에 눈이 흐려져 핀트가 안 맞은 사진처럼 상대가 흐리게 보이는 경우가 많다. 나는 젊은 부부가 "이런 사람과 결혼할 생각은 없었는데…" 하고 후회 내지는 탄식하는 말을 수없이 들었다. 이것은 말도 안 되는 실수다. 결혼했다고 해서 인간의 기본적인 성격이 변하는 것은 아니다. 결혼 전에 상대의 마음을 제대로 파악하지 못했을 뿐이다.

이 단계가 결혼에서 첫 도전이라고 하겠다. 서로가 상대를 잘 볼 수 있게 되는 것이다. 상대가 잘 보인다는 것은 곧 상대도 나를 잘 볼 수 있게 되었음을 의미한다. 또 육체적으로 상대방을 충분히 알게 되었을 때에는 정신적, 심리적으로도 잘 알 수 있게 되었다고 할 수 있다. 연애 시절에는 될 수 있으면 상대에게 좋게 보이려고 최대한 노력한다. 누가 데이트를 하는데 수염도 깎지 않고 나갈 것인가? 또 여

성이라면 복장이나 머리와 얼굴을 최대한 치장하여 데이트를 준비할 것이 틀림없다. 그런데 일단 결혼하면 그런 것에 개의치 않고, 있는 모습 그대로를 보여 준다.

분명히 두 사람의 사랑은 불꽃처럼 불타오르는 상태로 시작된다. 그런데 결혼은 이런 충동적인 감정만으로는 유지될 수 없다. 결혼 생활은 일상생활에서의 행동이나 언어, 표정의 연속이다. 하찮은 것이 있는가 하면, 깊은 의미를 지닌 것도 있다. 그러므로 결혼하고 나서 일어날 것 같은 사태를 통찰하고 이해할 필요가 있다. 나는 상대방을 진정으로 이해하기 위해서는 서로를 받아들이고 긍정하는 것이 중요하다고 말하고 싶다.

여기에서 수용과 긍정이라는 말을 설명하지 않으면 안 되겠다. 개인에게 심리학적으로 가장 중요하고 유일한 것은, '그' 또는 '그녀'가 자기 인생에서 최대의 가치가 있다고 여기는 감각이다. 다른 경우에도 그렇다고 하겠지만, 결혼한 두 사람에게 서로의 수용과 긍정은 한 번만의 행위로는 표현될 수 없는 성질의 것이다.

결혼한 사람들, 특히 행복한 결혼 생활을 보내고 있는

사람들은 상호간에 몇 차례고 반복하여 묻는다. 그것이 바로 "Do you love me?"다. 그리고 긍정의 대답을 기다린다. 이것이 구미에서 일반적으로 말하는 피가 통하는 결혼이다.

그렇다고 하여, 나는 두 사람이 즐겁고 만족스러운 결혼 생활을 위해 항상 긴장된 관계를 유지하라고 주장할 생각은 없다. 오히려 두 사람이 마주하고 앉아 대화를 나누고, 서로를 돕고, 감사의 표시를 하라고 말하고 싶은 것이다. 이렇게 함으로써 권태나 절망의 심연으로 떨어지지 않고 두 사람의 사랑은 훌륭하게 열매를 맺을 수 있게 될 것이다.

제아무리 두 사람 사이가 확고하게 결합되어 있는 것처럼 보여도 하루하루의 생활을 해 나가는 가운데에는 갈등이나 오해가 생기게 된다. 그럴 때에는 결혼이 시련을 받고 있다고 생각해도 좋을 것이다. 두 사람이 솔직하게 말해서 불화의 장벽을 뛰어넘을 수 있으면, 이와 같은 결혼의 시련은 보기 좋게 통과할 수 있다. 파탄은 갑자기 찾아오는 것이 아니다. 서서히 좀먹어 들어가는 것이다.

젊은이들의 결혼이 실패로 끝나는 것은 대부분 예상치

못 했던 사태가 차례차례 꼬리를 물고 생겨나, 그 충격을 견딜 수가 없기 때문이다. 그러므로 정신적으로 충분히 대처할 수 있기까지 결혼은 신중한 편이 좋다.

탈무드에는 이런 명언이 있다.

· 어차피 헤어질 바에는 결혼하고 나서보다는 약혼 중에 하는 편이 낫다.
· 생활의 안정도 얻지 못하고 결혼하는 것은 어리석은 자의 짓이다.
· 허니문(밀월)은 일 개월, 트러블(고통)은 평생이다.

웃음과 기지
Talmud

모자와 도둑 찾기

유대의 격언이나 속담 가운데에는 마치 수수께끼 같아서 의미를 쉽게 파악하지 못하는 경우가 많다. 예를 들면 이런 속담이다.

"도둑놈의 머리 위에서 모자가 불타고 있다."

나는 오랫동안 이 속담의 의미를 이해할 수 없었다. 이것은 이디쉬 어의 속담이다. 어째서 불타는 것이 모자여야만 할까? 왜 모자가 불타는 것일까? 왜 도둑놈이 나오는 걸까? 어떠한 교훈이 포함되어 있는 것일까?

그러나 언젠가 동유럽에서 온 노인의 얘기를 듣고 비로소 그 의미를 알게 되었다. 그 노인의 설명은 다음과 같았다.

어느 날 동유럽의 도시에서 한 유대인이 모자를 도둑맞

았다. 그런데 이 모자는 어느 누구나 쓰는 평범한 모자였다. 그가 주위를 둘러보니 자기의 모자와 똑같은 모자를 쓰고 있는 사람이 몇 사람인가 눈에 띄었다. 너무 비슷한 모자라서 도무지 자기 것을 찾아낼 길이 없었다. 그래서 그 유대인은 단단히 마음먹고 이렇게 외쳤다.

"도둑놈 모자에 불이 붙었다!"

물론 제일 먼저 자기 모자에 손을 댄 사람이 도둑이었다.

유머는 강력한 무기

웃음이나 유머는 강한 자만이 갖출 수 있는 힘이다. 유머는 인간이 지닌 힘 가운데에서도 가장 강한 것 중 하나다. 그러나 동양에서는 유머에 진실이 결여되어 있다고 보는 것 같다. 예를 들어 진지한 회의 자리에서 유머를 구사하는 것이 어울리지 않는다고 생각한다. 특히 일본인들은 상대의 기분에 맞추기 위해 사교적으로 웃는 일이 많아서 서양인들은 이를 가리켜 '일본인의 웃음(Japanese smile)'이라고 할 정도다.

하지만 진정 강인한 정신을 지니려면 웃음이 있어야 한다. 웃음은 백약 중에 왕이라 일컬어진다. 웃음은 괴로울 때에 마음을 위로해 준다. 활기찬 웃음은 즐거운 것이다. 그러나 웃음이 간직하고 있는 힘은 이것만이 아니다. 유머를 적절히 구사하는 것은 타고난 강력한 무기가 될 수 있다.

  유머는 규격을 벗어나기 때문에 웃음을 선사한다. 그러나 유머에는 그 이상의 힘이 있다. 규격에서 벗어난다는 것 자체가 여유가 있음을 의미한다. 여유가 있어야 유머를 즐길 수 있다.

  영국의 총리 처칠은 유머가 풍부한 사람으로 알려져 있다. 그는 위기 때마다 영국을 승리로 이끌었다. 유머는 총리라는 자리조차 명랑하게 만들었다. 블랙 유머는 분위기를 더 어둡게 만들 수도 있다. 그러나 그것은 그것대로 좋다. 우습기 때문에 유쾌해지는 것만은 아니다. 여유가 있다는 생각 때문에 사람들은 편안함을 느낀다. 이런 사람은 어떠한 상황에 처해도 여유를 가질 수 있다.

  고도의 유머는 지성으로부터 나온다. 정말로 세련된 유머, 시의적절한 유머는 지적으로 연마된 사람만이 구사할 수 있다. 상대도 지성을 갖추고 있어야 유머를 이해할 수 있다. 또한 유머는 매우 독창적인 것이다. 만약 두 번 반복하면 호소력이 떨어진다. 듣는 이를 기습하는 듯한 신선함이 필요하다.

유머 감각이 있는 사람은 자신을 웃길 만한 여유가 있다. 진정으로 궁지에 몰려 있을 때에 보통 사람이라면 유머러스한 행동을 취하는 것이 불가능하다. 그러나 만약 위기에 처해서도 잠깐 동안 그 자리에서 한 걸음만 뒤로 물러서서 객관적으로 바라보며 유머 실력을 발휘한다면 넓은 도량과 강인함을 지닌 사람으로 보인다. 배짱도 있어 보인다.

막다른 상황에 몰려서 전전긍긍하고 있는 사람에게 여유란 생겨날 수 없다. 불굴의 정신이 유머를 낳는다. 어떠한 위기에 처하더라도 거기에서 한 걸음 떨어져서 사물을 관찰할 수 있다면 다양한 해결책이 떠오를 것이다. 정면으로 맞서기만 해서는 안 된다. 유머는 냉정을 잃지 않게 하는 약이다. 화가 머리끝까지 치민 사람에게는 유머도, 웃음도 기대하기 어렵다. 유머의 효용은 크다.

유대인은 항상 웃음과 유머를 중요하게 여겼다. 유대인은 '책의 민족'이라고 말하는 것처럼 '웃음의 민족'이라고도 한다. 유대인이 역사를 통해서 그토록 가혹한 박해를 받아왔음에도 끈질기게 살아남은 것은 웃음의 효용을 알고 있었기 때문이다. 유대인들은 추방을 당하고 박해를 받아도 그것을 웃음으로 중화해 나갔다. 또 자신들에 대해서도 충분히 웃을 수가 있었다. 즐거울 때는 물론이고, 괴로운 순간이야말로 웃어야 한다.

다른 민족들에게 조크의 가치는 매우 낮다. 조크는 일시적으로 기분을 푸는 방법이라 생각한다. 그러므로 기호품으로밖에 가치를 인정하지 않는다. 그러나 유대인은 웃음을 주식이라고 생각한다. 히브리 어로 영지와 조크를 동일한 '호크마'라고 표현한다.

조크는 왜 재미있을까? 예를 들어 보자.

히틀러가 점성가에게 상담을 했다. 이 독재자는 암살을 극도로 두려워하고 있었다. 그러자 점성가가 이렇게 말했다.

"당신은 유대의 축제일에 암살당할 것입니다."

히틀러는 곧바로 SS(친위대)의 사령관을 불러 이렇게 명했다.

"앞으로 유대인 축제일에는 경비를 여느 때의 열 배, 아니 오십 배로 하시오."

그러자 점성가는 이렇게 대답했다.

"아니 그 정도로는 도움이 되지 않습니다. 당신이 암살 당하는 날이 유대인의 축제일이 될 것이니까요."

이 조크가 왜 재미있는가 하면 모든 조크의 공통점인 의외성 때문이다. 우리는 규격에 맞게 생활하기 때문에 의외성이 있는 사건이나 이야기를 들으면 웃게 된다. 예를 들면 위엄을 갖춘 사장이 바나나 껍질에 미끄러져서 넘어졌다. 위엄을 갖춘 사장은 좀처럼 넘어지는 법이 없다. 그런데 위엄을 가장한 사장이 나뒹굴었다는 사실, 꼴사나울수록 더 우습다. 종종 권위는 거짓된 꾸밈을 하고 있다. 그런데 미끄러져서 나뒹굴 때 그 위장이 벗겨진다.

웃음은 반항적인 것이기도 한다. 어떤 일에 골몰하고 있으면 웃음이 나오지 않는다. 유대인은 항상 권위를 의심하라는 교육을 받고 자라 왔다. 권위를 대수롭지 않게 여기는 것이 유대인의 힘이었다. 프로이트, 아인슈타인이 새로운 학설을 발견한 것은 기존 학설의 권위를 의심했기 때문이었다. 그리고 그들의 학설은 의외성이 있다.

조크나 유머는 창조력을 높일 수 있는 훌륭한 도장이다.

그러므로 유대인은 자녀가 어렸을 때부터 웃음의 힘에 대해 가르친다. 불굴의 정신, 의외성, 권위를 인정하지 않는 정신이 몸에 배도록 한다.

유대인으로부터 성경을 빼앗으면 그는 더 이상 유대인이 아니다. 이와 마찬가지로 유대인으로부터 웃음을 빼앗는다면 그는 더 이상 유대인이 아니다. 어쨌든 대상을 객관화시킴으로써 조크나 유머는 생겨난다. 그 속에 비판정신이 없다면 정말로 효과적인 조크나 유머가 될 수 없다. 구소련의 반체제파에 긴즈부르크 등 유대계가 많았던 것이나, 미국의 현대 문학에서 유대계 작가(필립 로스, 노먼 메일러 등 다수)가 중심적인 위치를 점하는 것도 이러한 유대인 특유의 비판정신이 저력이 되었기 때문이다.

세 개의 관문

단순한 생각으로는 좀처럼 기지가 떠오르지 않는다. 날마다 일상생활에서 훈련하고 연마해야 한다. 이렇게 연마한 기지는 사람을 일약 재벌로 만들기도 하고, 행복하게도 만든다. 기지는 행복의 요술 상자다.

예루살렘에서 온 한 나그네가 여행하다가 어느 도시에서 병이 들어 죽게 되었다. 그가 자신의 죽음이 가까운 것을 알고 신세를 진 집 주인을 불렀다. 나그네는 이 집의 주인을 신뢰하고 몸에 지닌 것과 귀중품을 맡기며 다음과 같이 유언을 남겼다.

"만약 내 아들이 예루살렘에서 찾아와 세 번의 기지를 발휘한다면 맡겨 놓은 물건을 아들에게 인도해 주십시오.

아들이 그런 예민한 기지를 발휘하지 못한다면 당신이 그것을 가지십시오."

얼마 후 나그네가 세상을 떠났다. 이윽고 그의 아들이 이 도시에 도착했다. 도시 어귀에 들어서자 마을 사람들에게 수소문하여 아버지가 폐를 끼친 집의 주소를 물었다. 그러나 어느 누구도 그가 어디에 살고 있는지 대답해 주지 않았다. 때마침 큰 나뭇짐을 짊어지고 오는 사람이 지나갔다. 그 아들은 물었다.

"그 나무를 나에게 팔지 않겠습니까?"

그는 대답했다.

"좋지요."

젊은이는 "이게 대금입니다." 하고는 그 나무를 이 마을에서 최근 초상을 치른 집까지 가져가 달라고 부탁했다. 아들은 나뭇짐을 짊어진 사람을 따라 드디어 그 집을 찾을 수 있었다. 이것이 첫 번째의 현명한 기지였다.

그는 자신이 돌아가신 아버지의 아들이라고 소개하고 주인으로부터 따뜻한 영접을 받았다. 그리고 가족들과 함께 식사를 하게 되었다. 이 집에는 주인과 부인, 두 아들과 두 딸이 있었다. 식탁에는 구운 닭 다섯 마리가 차려져 있었다. 주인은 손님에게 닭을 나누어 달라고 부탁했다. 젊은이는 사양했다.

"제가 나누다니요……. 이거 죄송합니다."

그때 주인은 이렇게 말했다.

"천만에, 그런 말씀 하지 마시고 자 어서……."

그래서 젊은이가 닭을 나누게 되었다. 그는 닭 한 마리를 주인 부부에게 주었다. 다음 한 마리는 두 아들에게 주었다. 마찬가지로 다음 닭 한 마리는 두 딸들에게 주었다. 나머지 두 마리는 자기 몫으로 놓았다.

가족들 중에 손님의 이 엉뚱한 행동에 대해 무슨 말을 하는 사람은 없었다. 이것이 두 번째 현명한 기지였다.

저녁 식사 때가 되자 이번에는 삶은 암탉이 나왔다. 그런데 주인은 또 손님에게 이 암탉을 나누도록 부탁했다. 이번에는 머리 부분을 주인에게, 내장은 아내에게, 다리는 두 아들에게, 날개는 두 딸에게 그리고 몸통 부분을 자기가 가졌다. 이것이 세 번째 현명한 기지였다.

"예루살렘에서는 이런 방법으로 나눕니까?" 하고 주인

이 물었다.

"점심 때는 아무 말씀도 드리지 않았습니다만 이번에는 꼭 물어보고 싶군요."

"저는 내키지 않았습니다만 아무래도 좋다고 말씀하셨기 때문에……. 그럼 저의 방법을 설명해 드리죠. 낮에는 다섯 마리의 닭을 일곱 사람에게 나누어야 했습니다. 나누는 근거는 이렇습니다. 주인과 부인, 닭 한 마리로 셋이 됩니다. 또 아드님 두 분에 닭 한 마리면 셋이 됩니다. 따님 두 분에 닭 하나로 이것도 셋입니다. 그리고 나와 닭 두 마리면 셋이 되어 모두 공평하게 나누어진 것입니다. 다음은 저녁 식사 때입니다. 먼저 주인께 머리를 드렸습니다. 이것은 주인께서 이 집의 가장이시기 때문입니다. 부인께 내장을 드린 것은 부인이 풍요로움의 상징이기 때문이지요. 또 아드님에게 다리 부분을 드린 것은 두 사람이 이 집의 기둥이기 때문입니다. 따님들에게는 날개를 드렸는데 이것은 장차 두 분이 출가하여 남편의 집에서 생활하게 되기 때문입니다. 저는 몸통 부분을 먹었습니다. 이것은 제가 배로 여기에 와서 돌아가는 길에도 배로 돌아갈 것이기 때문입니다."

"훌륭하군요. 과연 당신은 내 친구의 아들이오."

주인은 이렇게 말하고서 꾸러미를 하나 내밀었다.

"이것이 아버님이 당신에게 남겨 주신 유산입니다. 당신의 집에 번영이 있기를……."

인간의 가치와 비밀

인간의 가치는 비밀을 얼마만큼 잘 지키는가로 측정할 수 있다. 그 사람이 얼마나 인정(EQ)이 있는가, 신뢰성이 있는가를 테스트할 수 있는 것이다. 일단 비밀이 생기면 그 비밀을 이야기하고 싶어지는 것이 인간의 심정이다.

비밀을 알고 있음으로써 사람들의 주목을 끌 수가 있다. 어느 누구나 비밀을 좋아하며, 어느 누구든 남의 주목을 끄는 사람이 되고 싶어 한다. 비밀을 말할 때에 사람은 주목을 끌게 되므로 위대해 보인다.

그러나 남으로부터 들은 비밀을 다른 사람들에게 이야기하는 것은, 이야기하는 상대를 신뢰하고 있는 듯이 행동하더라도, 비밀을 밝힌 상대의 신뢰를 배신하는 결과가 된

다. 이븐 가비롤이라는 랍비는 이렇게 말했다.

"비밀이 당신 손안에 있는 한 당신이 비밀의 주인이지만 입으로 나와 버린 뒤에는 당신이 비밀의 노예가 된다."

· 세 사람 이상이 알고 있는 비밀은 이미 비밀이라고 할 수 없다.
· 만약에 당신이 세 사람에게 비밀을 이야기하면 바로 열 사람이 그 비밀을 알게 된다.
· 비밀을 듣는 것은 쉽지만 자기에게 간직해 두는 것은 어렵다.
· 술이 들어가면 비밀은 나간다.
· 어리석은 자와 아이들은 비밀을 지키지 못한다.
· 당신의 친구들은 또 친구들을 갖고 있다.

'입은 화의 근원'이라는 말도 있지만 비밀을 경계하는 말 가운데서 내가 가장 좋아하는 말은 다음과 같다.

"비밀이 있을 때 술을 마시면 혀가 춤을 추게 되니 주의하십시오."

죽을 때까지 조크를

유대인은 어느 민족보다도 기지나 해학을 중요시하는 민족일 것이다. 그래서 유대인들은 대화 중에 조크나 수수께끼를 즐겨 사용한다. 조크나 수수께끼는 머리를 단련하는 숫돌이라고 말한다. 의외성이 있기 때문이다.

그래서 자녀들이 철이 들면 저녁 식탁에서 아버지가 여러 가지 수수께끼를 낸다. 그리고 성인이 되어서도 서로 조크를 나눈다. 조크가 웃음만 가져오는 것은 아니다. 이것은 의외의 반전효과가 있어서 두뇌 활동을 원활하게 해 준다. 이것이 두뇌라고 하는 기계에 넣어 주는 기름이라고 생각하면 좋을 것이다. 그래서 유대인은 가벼운 이야기나 조크 등을 특별히 즐겨 왔다.

'미드라쉬'에는 이런 전형적인 이야기가 있다.

어떤 돈 많은 유대인이 병이 들었다. 그는 죽을 때가 가까운 것을 알았으므로 유서를 받아 적게 했다. 이 유서는 두 가지 내용으로 되어 있었다.

"이 유서를 나의 아들에게 전해 주는 충실한 노예에게, 나의 전 재산을 남긴다. 내 아들에게는 나의 모든 소유 가운데 단 한 가지만을 유산으로 주기로 한다. 한 가지만 선택하게 하라."

그리고 이 유대인이 죽자, 노예는 이 유서를 랍비에게 보였다. 랍비는 노예와 함께 아들에게로 갔다. 랍비는 이렇게 말했다.

"당신 아버지는 당신에게 오직 한 가지 물건만 남기셨소. 나머지는 모두 이 노예에게 주라고 말했소. 당신은 무엇을 선택하겠습니까?"

그러자 그 아들은 이렇게 말했다.

"그렇다면 이 노예를 내가 상속받기로 하지요."

아들은 이 노예를 소유함으로써 아버지의 재산을 모두

물려받을 수 있었다. 죽은 부친이 그렇게 쓰지 않았더라면, 노예는 그 재산을 제 마음대로 처분해 버렸을 것이고 아들에게 전해 주지도 않았을 것이다.

자기 집 뜰을 파라

어떤 사나이가 랍비를 찾아와 오랫동안 살던 도시에서 다른 곳으로 이사를 갈 생각인데, 무언가 조언을 해 주었으면 좋겠다고 부탁했다. 랍비는 다음과 같은 이야기를 그 사나이에게 들려주었다.

베를린에 사는 유대인 남자가 어느 방앗간에 보물이 묻혀 있어서 그것을 파내는 꿈을 몇 번이나 꾸자 다음날 아침 일찍감치 일어나 집을 나서 방앗간으로 가서 주의 깊게 파기 시작했습니다. 그러나 아무리 피도 값이 나갈 만한 물건을 찾지 못했다. 그때 방앗간 주인이 와서 왜 이런 곳을 파느냐고 물었다. 그 사나이의 설명을 듣고 나서 방앗간 주인은 큰 소리로 말했다.

"나는 베를린에 사는 어떤 사람의 집 정원에 보물이 묻혀 있는 꿈을 몇 번이나 꾸었다오."

방앗간 주인은 꿈에서 본 사람의 이름까지도 털어 놓았다. 그런데 이게 웬일인가. 바로 유대인 자신의 이름이 아닌가. 사나이는 재빨리 집으로 돌아가 정원을 파 보았다. 그러자 아니나 다를까. 자기 집 뜰에서 보물이 나왔다.

랍비는 이사를 가는 사람에게 이렇게 말해 주었다.

"아시겠어요? 때로는 자기 집 뜰에 보물이 묻혀 있지요."

이 이야기는 특히 동양인에게 도움이 될 것이다. 동양 특유의 우수한 전통이나 문화를 업신여기고 무엇이든지 외래품이 좋다고 믿는 사람들이 많다. 몇 차례 내가 쓴 책에서 이런 지적을 해 왔지만, 다시 한 번 동양인에게 충고로서 이 이야기를 선물하고 싶다. 자신의 몸 가까이에 있는 보물을 잊지 마라. **편역자 주** 한국의 격언 중에는 "등잔 밑이 어둡다." 라는 것이 있다.

유대의 격언 중에 이런 말도 있다.

"임금의 식탁에 앉고 싶다고 생각해서는 안 된다. 자기 집 식탁이 훨씬 훌륭하다. 그곳에서는 당신이 임금이기 때문이다."

> **편역자 주** 편역자의 친구 랍비가 강의 차 한국 인천을 방문했다. 그는 한국의 전통문화를 보고 싶어 했지만 그곳에는 건물뿐만 아니라 모든 것이 서양식이었다. 며칠 후 강연을 마치고 호텔로 들어오다 예식장에서 한복을 입은 여성들이 나오는 것을 보았다. 그는 반가워하며 "저것이 한국의 전통 복장이냐?"고 물었다. 그리고는 계속 웃으며 "뷰티풀"을 연발하였다. 서양의 지식인들은 한국인들이 왜 모든 것을 서양식으로 바꾸는지 이해하지 못한다. 우리의 것을 소중히 가꾸고 자녀들에게 물려주지 않으면 우리의 정체성마저 잃을 수가 있다. 편역자가 생활한복을 즐겨 입는 이유가 여기에 있다. 더 자세한 이론적 원리는 편역자의 저서, 《현용수의 인성교육 노하우》(전 4권, 동아일보, 2008), '수직문화와 수평문화 참조' 참조. 그는 시간이 없어 서울의 고궁을 보지 못하고 미국으로 떠났다.

제5장
어리석음
Talmud

자만심은 어리석음과 통한다

"자만심만큼 추악한 것은 없다."

유대의 속담에 "태양은 당신이 없어도 떠오르고 진다."라는 말이 있다. 자만하면 인간은 겸손함을 잃는다. 자기를 개혁하고자 하는 마음이 없어져 버린다. 자만하면 과오를 저지르기 쉽다. 그러므로 탈무드는 자만을 죄라고 규정하지 않고 자만을 어리석음이라고 규정했다.

또 과잉의 자기혐오도 일종의 자만이다. 주위 사람들이 자신에게 그렇게 관심을 보이는 것이 아님에도 자신이 세계의 중심이라고 생각하는 데서 과잉의 자기혐오가 생겨난다. 이것은 허세의 다른 면과도 같은 것이다. 자기 자신만으로 만족하는 사람 속에서는 하나님이 살 곳이 없다. 타인을 칭찬하기 전에 자신을 칭찬해서는 안 된다.

이와 같이 자만심을 경계하기 위해 유대인들은 자녀에게 성경의 창세기를 가르친다. 창세기를 보면 인간이 가장 나중에 만들어졌다. 처음에 하나님이 빛과 어둠을 나누고, 하늘과 땅을 그리고 바다와 육지를 나누셨다. 동물을 창조하고 맨 나중에 아담을 만드셨다. 그러므로 인간보다 벼룩이 먼저 창조되었다는 사실을 알면 인간이 뽐낼 것은 하나도 없다.

긍지와 자만심을 분명히 구분할 줄도 알아야 한다. 긍지는 건전한 것이지만 자만은 병이며, 무엇보다도 어리석은 짓이다. 스스로 자신을 칭찬하기 전에, 남에게 칭찬을 받는 사람이 되어야 한다.

고대 유대의 예시바(유대인 탈무드 학교)에서는 1학년을 '현자'라고 부르고, 2학년을 '철학자'라고 불렀다. 그리고 최종 학년인 3학년이 되어서야 비로소 '학생'이라고 했다. 사람들로부터 배우는 자가 가장 지위기 높으며, 학생이 되기까지는 몇 년 동안 수업을 받아야 한다고 생각했기 때문이다. 그리고 학생이 되는 것이 인생의 최종 목표라고 생각했던 것이다. 오늘날에도 예시바에 들어오는 학생들에게 이렇게 가르친다.

탈무드는 겸손에 대해 이렇게 말한다.

"현인이라 하더라도 지식을 자랑삼아 뽐내는 자는 무지를 부끄러워하는 어리석은 자보다 못하다."

자만의 위험에 대해서는 또 이렇게 경고한다.

"돈은 자만으로 가는 지름길, 자만은 죄로 가는 지름길이다."

동양에는 이런 명언이 있다.

"보물은 숨기고 없는 듯이 가장하라."

사는 모습을 남에게 보이지 않는 편이 현명하다는 것은 두 말할 것도 없다. 편역자 주 한국에도 배울수록 겸손해져야 한다는 격언들이 있다. "곡식은 익을수록 고개를 숙인다."나 "빈 깡통에서 나는 소리가 요란하다." 등이다.

가장 어리석은 결정

인간의 어리석음에 대한 이야기가 있다. 첼룸이라는 도시가 있었다. 옛날 어디에서나 볼 수 있는 작은 도시였다. 역사상 이름이 남겨질 만한 도시도 아니었다. 그런데 이 도시에는 심각한 문제가 있었다.

첼룸으로 통하는 길은 험난한 산 중턱에 치우친 좁고 구불구불한 위험한 길이었다. 그래서 이 길을 가던 외지인들이 산 중턱에서 떨어져 부상을 입는 경우가 많았다. 식료품 장수가 언덕에서 떨어져 식료품을 가져오지 못하자 도시가 심각한 식량난에 빠지기도 했다. 또 우편집배원이 벼랑에서 발을 헛디뎌 편지를 잃어버린 적도 있었다. 우유배달부가 아기들이 먹을 우유를 벼랑에서 엎지르는 사건이 일어나자 드디어 첼룸의 장로들이 대책을 강구하기 위해 모였다. 더 이상 이런 일이 계속되면 도시가 마비될 지경이었다.

장로들이 모여 머리를 짜냈다. 아무튼 대책을 강구해야 했다. 중구난방으로 의견이 속출했다. 밤낮을 가리지 않고 엿새 동안 의견을 교환한 끝에 사바스(안식일)가 찾아올 무렵 겨우 결론에 도달했다. 어떤 결론이 나왔으리라고 생각하는가? 장로들은 언덕 밑에 병원을 짓기로 했다.

이 이야기는 아무리 오랜 시간을 두고 논의한다 해도 입이 있으니 말한다는 식의 의논이라면 유효한 대응책이 나오지 않는다는 교훈을 준다. 병원을 지어도 그 길이 계속 위험한 상태라면 생선장수건 우편집배원이건 우유배달부건 또 사고를 당할 것이기 때문이다.

유대의 격언 가운데에는 어리석은 사람의 어리석은 짓을 주제로 한 것이 많다. 그러나 어리석은 사람들을 신랄히 비웃는 내용은 오히려 많지 않고, 대부분 따뜻한 인정이 느껴지는 내용이다.

· 어리석은 자는 한 시간에 현자가 1년을 걸려도 대답

할 수 없는 질문을 한다.

· 구세주가 찾아왔을 때 병자는 모두 치료를 받았다. 그러나 어리석은 자를 현자로 만드는 일은 하지 못했다.

· 현자는 어리석은 자로부터 교훈을 찾아낼 수는 없다. 그러나 어리석은 자는 현자로부터 교훈을 끌어낼 수는 없다.

· 어리석은 자라도 돈만 있으면 왕후와 같이 취급된다.

· 어리석은 자를 가르친다는 것은 밑 빠진 독에 물을 담는 것과 같다.

· 어리석은 자라도 침묵을 지키고 있으면 성인처럼 보인다.

날개 사용법을 모르는 새

탈무드에는 창세기에 관한 토막 이야기들이 실려 있다. 하나님이 처음 새나 짐승을 만들 때에는 새에게 날개가 없었다. 그래서 새는 하나님께 찾아가서 적으로부터 자신을 지킬 방법이 없다고 고충을 이야기했다.

"뱀은 독을 갖고 있습니다. 사자는 날카로운 이빨을 갖고 있습니다. 말은 뒷발이 있죠. 그러나 제게는 아무 것도 없습니다. 어떻게 나를 지킬 수 있겠습니까?"

하나님은 새의 고충이 합당하다고 생각하여 깃과 날개를 주었다. 그러나 얼마 후 새는 다시 찾아와 어려움을 호소했다.

"날개는 쓸모없는 것으로 무거운 짐만 될 뿐입니다. 몸에 날개를 달고 있으니 이전처럼 빨리 달리 수가 없습니다."

"어리석은 새여……"

하나님이 말씀하셨다.

"네 몸에 있는 날개를 사용해 볼 생각도 못 했단 말이냐? 네게 두 개의 날개를 준 것은 짊어지고 걸으라는 것이 아니라 날개를 이용하여 하늘 높이 날아서 덮쳐 오는 것으로부터 자유로이 도망치라고 준 것이니라."

인간은 이따금 자신이 능력을 부여받지 못했다고 어리석은 불평을 한다. 그런데 인간은 자신에게 주어진 능력을 충분히 사용하지 않는 경우가 많다. 가장 좋은 예가 머리다. 근대 의학에서도 인간은 뇌세포의 극히 일부분만 사용하고 있다고 한다.

창세기에서 새의 이야기는 흔히 머리를 쓰라는 비유로 사용된다. 자신이 가난하다든가, 학력이 없다든가, 연줄(배경)이 없다고 탄식해서는 안 된다. 그렇게 하면 이 이야기에 나오는 새처럼 된다. 당신에게는 몸도 있고 머리도 있다. 그리고 어느 누구에게나 평등하게 주어진 시간도 있다.

아인슈타인은 이렇게 말했다.

"현재는 어떠한 때인가? 그것은 항상 새롭게 출발할 수 있는 때다."

살아 있는 한 하늘은 우리에게 항상 현재를 제공해 준다. 아인슈타인은 탈무드의 애독자였다고 한다. 그는 종종 탈무드를 베껴 쓰곤 했다. 그가 남긴 노트에는 이렇게 쓰여 있다.

"현재는 항상 미래의 출발점(Start Line)이다."

인간은 종종 자신의 실패를 다른 사람의 탓으로 돌린다. 자신이 아무것도 갖고 있지 못하다는 핑계를 대며 현재에 안주하는 것이다. 그러기 전에 자신이 갖고 있는 것을 점검해 볼 필요가 있다. 누구나 갖고 있는 것일수록 그것을 제대로 활용하지 않는다. 그것을 활용하느냐 못하느냐에 성공과 실패가 달려 있는 수가 많다.

의욕, 용기, 자신을 제어하는 의지, 인내력, 지지 않으려는 투혼 같은 것들이다. 이와 같이 인간은 얼마든지 유용하게 이용할 수 있는 많은 무기를 갖고 있다. 그것들을 잘 활용할 수 있는 방법을 익혀야 한다.

말이 많으면……

　　　　　　　이웃에 재잘거리기를 좋아하는 여자가 살고 있었다. 수다쟁이, 허풍쟁이라고 불리는 주부였는데 도가 지나쳐서 견디다 못한 인근 주부들이 모여 랍비에게 상담을 하러 갔다.

첫째 여자가 말했다.

"그 여자는 개미를 보면 황소를 보았다고 할 정도로 허풍을 떨며 여기저기 떠벌리고 다녀요."

또 한 여자가 호소했다.

"그 사람은 말이죠, 내가 아침부터 목욕을 하고, 남편이 출근하면 낮잠만 잔다고 수다를 떨고 다닌답니다."

셋째 여자가 호소했다.

"그 수다쟁이 여자는 나와 만날 때마다 '아유, 부인은

어쩜 그렇게 곱지요.' 하고 말하면서 다른 사람에게는 '나이에 어울리지 않게 젊어지려고 생멋을 부린다.'고 흉을 보고 다닙니다."

랍비는 한 사람, 한 사람의 호소에 신중히 귀를 기울였다. 여자들이 돌아가자 심부름꾼을 보내 그 수다쟁이 여자를 데려오게 했다.

"당신은 어째서 이웃 사람들에 대해 이러쿵저러쿵 말을 만들어 떠벌리고 다닙니까?"

그러자 그 여자는 싱긋 웃으면서 이렇게 대답했다.

"특별히 제가 말을 만들어 내는 건 아니에요. 굳이 말한다면 실제보다 약간 과장해서 말하는 버릇이 있는지는 모르겠지만요. 어쩌다 사실에 가깝지 않은 게 있을지도 모르지만 이야기를 좀 재미있게 하고 있을 뿐이라고 생각합니다. 나는 말을 많이 하는 편일지도 모르겠어요. 내 남편도 그런 말을 하니까요."

랍비는 잠깐 생각을 하더니 잠시 방을 나가서 커다란 자루를 가지고 들어왔다. 그리고 여자에게 이렇게 말했다.

"당신은 자신이 말이 많다고 인정을 했소. 그러니까 좋은 치료 방법을 생각해 봅시다."

랍비는 그녀에게 커다란 자루를 주면서 말했다.

"이 자루를 가지고 광장까지 가십시오. 광장에 도착하면 자루를 열고, 이 속에 들어 있는 것을 길바닥에 늘어놓으면서 집으로 돌아가십시오. 집에 도착하면 늘어놓았던 것을 다시 자루에 주워 담으면서 광장으로 가십시오."

여자가 받아든 자루는 가벼웠다. 도대체 이 속에 무엇이 들어 있을까 하고 궁금했다. 그 여자는 광장으로 발걸음을 재촉했다. 광장에 도착해서 자루를 열어 보니 그 속에는 새털이 잔뜩 들어 있었다.

맑게 갠 가을날에 미풍이 살랑살랑 불고 있었다. 그녀는 랍비가 시키는 대로 새털을 꺼내 길가에 늘어놓으면서 집으로 돌아갔다. 집까지 도착하니 자루는 빈 자루가 되었다. 이번에는 빈 자루를 가지고 집을 나서 길에 늘어놓은 새털을 주워 담으면서 광장으로 가려고 했다.

그러나 새털은 이미 바람결 따라 여기저기 날아다녔다. 그 여자는 랍비에게로 돌아가 새털을 늘어놓았지만 몇 개밖에 줍지 못했다고 이야기했다. 랍비는 말했다.

"그렇겠죠."

"험담이라는 것은 저 자루 속의 새털과 같습니다. 한 번 입에서 나오면 다시 되돌려 담을 수가 없습니다."

이 랍비의 기지가 그 여인의 수다를 고쳤다.

여기에서 가십(gossip)에 대한 유대 현인들의 명언을 들어 보자.

· 떠들어대기를 좋아하는 혀는 손버릇 나쁜 사람보다 더 곤란하다.
· 유령을 만났을 때 도망치듯 험담으로부터 도망쳐라.

· 험담이 심한 사람이 없어지면 분쟁의 불씨는 사라진다.
· 미담도 전해지는 가운데 악담으로 변해 간다.
· 소문은 친구 사이도 금이 가게 한다.
· 험담-이것은 자연의 전화다.
· 보지 못한 사실을 입으로 발설하지 마라.

'기도한다'는 것은 자신을 저울에 달아 보는 일이다

유대인은 시내 산에서 하나님과 계약을 맺었다. 유대인들은 사람은 하나님에게 순종해야 함과 동시에 하나님으로부터 독립적인 존재라고 생각한다. 그러므로 하나님과 계약을 맺을 수가 있는 것이다.

탈무드는 "이성은 하나님과 인간의 중개자다."라고까지 말하고 있다. 유대인에게 하나님은 결코 맹종의 대상이 아니며 오히려 권위에 맹종하는 것을 경멸한다. **편역자 주** 보통 하나님은 하나님이 인간에게 하고자 하는 일을 모두 하실 수 있다고 믿는다. 물론 하나님의 주권적인 역사를 믿는다면 맞는 말이다. 하지만 하나님은 그런 일을 강제로 하시지 않는다는 것이다. 이것은 인간의 독립된 자유 의지를 인정하신다는 뜻이다. 그렇기 때문에 하나님은 인간과 언약(계약)을 맺으시는 것이다(예: 시내 산 언약, 출 19-24장). 만약 하나님이 인간의 자유 의지

를 무시하신다면, 왜 인간과 언약(계약)을 맺으시겠는가? 그리고 하나님은 그 계약에 의해 하나님의 백성에게 복도 주시고 저주도 주시는 것이다.

히브리 어에서 하나님께 기도한다고 할 때의 '기도'에 해당하는 말이 '히트 팔렐'이다. 그러나 이것은 영어의 'to pray'와는 다르다. '프레이'는 "하나님에게 부탁한다."라든가, "하나님에게 빈다."는 의미다. '히트 팔렐'은 '스스로를 평가한다.' 또는 '자신을 저울질해 본다.' 라는 의미가 있다. 하나님의 기대에 자신이 어느 정도 부응해 살고 있는가, 자신의 행위가 얼마나 올바른가, 그리고 얼마만큼 세계를 좋게 만들었는가를 스스로 평가해 보는 것이다. 편역자 주

이런 유대인의 기도는 하나님과의 언약 사상에서 나왔다. 유대인이 하나님과 맺은 언약을 잘 지키면 하나님께서 약속하신 계약의 조건인 신 28:1-14절의 복을 받는다는 것을 뜻한다. 이 기도는 예수님께서 말씀하신 "너희는 먼저 그의 나라와 그의 의를 구하라 그리하면 이 모든 것을 너희에게 더하시리라"(마 6:33)는 말씀의 근거가 된다. 자세한 것은 편역자의 저서 《잃어버린 지상명령 쉐마》(쉐마, 2006) 제3부 '하나님이 유대민족에게 주신 지상명령 쉐마' 참조.

인간은 하나님께 기도하는 유일한 동물이다. 그러나 자

신이 구하고 있는 것, 갈망하고 있는 것을 이야기했다고 해서 그것이 진정한 기도는 아니다. 그렇게 하면 에고이즘에 하나님이라는 이름의 향수를 뿌리는 것과 같다. 편역자 주 물론 유대인도 하나님에게 개인적인 소원을 기도한다. 저자는 기도의 원칙을 얘기하는 것이다. 먼저 나 자신이 하나님이 원하시는 삶을 살면서 본인의 간구를 기도하라는 것이다. 하나님과 거리가 먼 삶을 살면서 자신의 육의 욕구를 위한 이기적인 기도는 안 된다는 뜻이다.

그러므로 타력에 의존하는 것이 되기 쉽다. 하나님에게 매달리기 위해 하는 기도는 휴식의 의미밖에는 기대하기 어렵다. 더욱이 기도라는 것은 스스로에게 겸손을 강요한다는 장점이 있다. 그리고 언제나 감사하는 마음을 지닌다는 것도 중요하다.

탈무드는 "스스로 할 수 있는 일을 하나님에게 기도해서는 안 된다."고 경계하고 있다. 사실은 기분 전환을 위해 기도하고 있는데도 진지하게 되는 것은, 어린아이가 인형을 중요하게 여기는 것과 비슷하다. 어린 여자 아이들은 가끔 인형을 너무나 중요시한 나머지 인형을 진짜 아기처럼 다루는 일이 있다.

스스로 경의를 표하도록 자신을 만듦으로서 비로소 하나님이 만족하신다. 인간관계에서도 마찬가지다. 스스로 경의를 표하도록 자신을 창조함으로써 비로소 주위 사람들로부터 존경을 받는다.

"자신의 춤이 서툰데 악단 탓으로 돌린다."는 사람이 타인으로부터 존경받을 수는 없다.

말보다 듣기를 두 배로!

"말을 너무 많이 해서는 안 된다. 말하기보다 듣기를 두 배로 하라."

이것은 탈무드가 가르치는 중요한 교훈이다. 또 탈무드는 이렇게 말한다.

"하나님은 어째서 인간에게 두 개의 귀를 만들면서 입은 한 개만 만드셨을까? 그것은 말하기보다 듣기를 두 배로 하라는 하나님의 가르침이다."

"행복하게 살아가고자 생각한다면 코로 신선한 공기를 잔뜩 들여 마시고 입을 다물고 지내십시오."

어느 것이나 다 현명한 자는 자신의 지성을 감추고, 어리석은 자는 어리석음을 드러낸다고 하는 경계들이다. 흔히 말하기를 "입은 화의 근원"이라고 한다. 주위를 둘러보면

204

말을 잘하는 사람보다 듣기를 좋아하는 사람이 존경을 받는다. 듣기를 잘하는 사람은 지성을 드러내지만 항상 떠들썩하게 자기 주장을 하는 자는 어리석음을 드러내는 것이다.

그러므로 "현자가 미소 지을 때 어리석은 자는 소리 내어 웃는다."라고 말하는 것이다. 만일 침묵이 현자에게 커다란 이익을 가져온다면 보통의 사람에게는 어느 정도의 이익을 가져다 줄 것인가?

어느 누구든지 인생을 뒤돌아본다면 잠자코 있었던 일을 후회하기보다는 말해 버린 일을 후회하는 편이 훨씬 많다. 자신의 혀에게 침묵을 가르친다는 것은 인생에 많은 득이 된다.

탈무드는 "보물과 같이 자기의 혀를 소중히 취급하십시오."라고 말한다. "침묵은 금, 웅변은 은"이라고 하는 것도 이 때문이다. 침묵은 지성인이 걸친 황금의 갑옷이다.

물론 필요힐 때에는 충분히 주장하고 표현하지 않으면 안 된다. 그러나 이야기를 하는 것보다 침묵하는 것을 배우기가 더 어려운 것이다. 인간은 누구나 말을 하고 싶은 욕망을 갖고 있다. 그래서 너무 말을 잘하는 인간은 타인의 그와 같은 욕망을 억제하게 된다. 그 결과 나중에 후회할 만한 말은 하지 않았다 하더라도 상대에게 기쁨을 주지는 못한다.

혀는 칼에 비유되기도 한다. 주의해서 다루지 않으면 사람을 상처를 낼 뿐 아니라 자신도 상처를 입는다. 능숙한 검술가가 되지 않으면 안 된다. 훌륭한 검술가는 정말 필요할 때가 아니면 칼을 빼지 않는 법이다.

혀는 눈이나 귀와는 다르다. 눈이나 귀는 우리의 의지로 선택해서 보거나 듣는 것이 아니다. 그러나 혀는 자신의 의지로 조정할 수 있다는 사실을 명심해야 한다. 그러므로 혀는 원래 훈련이 가능하다. 어리석은 자에 대해 "저 녀석은 너무 말이 많아."라고 말하는 수가 많다. 사람은 술을 너무 많이 마시거나, 음식을 너무 많이 먹는 데 대해서는 더러 주의하지만, 말을 많이 하는데 대해서는 그만큼 신경을 쓰지 않아 똑같은 위험에 빠진다.

탈무드는 "말이 당신의 입 속에 있는 동안은 당신이 말의 주인이지만, 입 밖으로 나간 뒤에는 당신은 그 말의 노예가 되어 버린다."고 말하고 있다. 또 "입은 문과 같은 것이다."라고 말하고 있다. 문은 필요한 때만 열어야지 언제나 열어 두면 필요 없는 말썽을 불러들인다.

인간은 말에 대해 어떠한 태도를 취해야 하는가? 말은 수를 셀 수 있는 것이 아니고 하나하나 무게를 달아야 한다. 말은 또 약에도 비유된다. 적당량은 도움이 되지만, 과하면 해가 된다.

탈무드는 "귀는 귀에 익지 않은 것을 싫어하고, 눈은 처음 보는 것에 자극을 받는다. 그런데 혀는 외부와는 아무 관계없이 제 스스로 지나치게 분방하다."고 지적하고 있다.

"혀에는 뼈가 없다. 그러므로 주의하십시오."

"마음이 혀를 조종해야지, 마음이 혀에게 조종당해서는 안 된다."

이와 같이 탈무드에 혀에 대한 경계의 이야기가 많은 것도 그만큼 혀에 걸려서 넘어진 자가 많기 때문일 것이다.

인생에 정해진 레일은 없다

요즘 사람들, 특히 제2차 세계대전 이후 풍요를 경험한 사람들은 물질주의에 현혹되어 물질적, 탐욕적으로 변해 왔다. 얼마만큼 쾌적한 생활이 가능한가, 얼마나 편한 신제품이 나오는가, 어느 정도 좋은 지위에 오르는가 하는 물질적인 척도로 모든 가치 판단을 하게 되었다.

이것은 정신적인 가치를 경시하는 결과를 낳았다. 아니 정신적인 근거가 없어져 버린 결과, 사람들이 자신을 잃어버렸다고 보는 게 옳을 것이다. 사람들은 그 불안을 달래기 위해 물질에 과도한 관심을 갖게 된 것이 아닐까 생각한다. 흔히 정신적으로 불안정한 사람이 술을 많이 마시거나 과식을 하는 등의 방법으로 불안으로부터 도망치려 한다는 것은 잘 알려진 사실이다.

물론 물질적 풍요가 나쁜 것은 아니다. 물질적으로 풍요하면 보다 건강한 생활을 할 수 있고 질 좋은 교육을 받을 수 있다. 또 여가가 증가됨으로써 그만큼 자기계발에 시간을 쓸 수 있다. 한 마디로 말하면 물질적인 풍요는 인생에서 선택의 여지를 늘려 주므로 좋은 것이다.

유대인은 인간이 하늘과 땅 사이에서 살고 있다고 생각해 왔다. 우리의 반은 하늘에 속해 있고, 반은 땅에 속해 있는 존재다. 그러므로 인간은 빵만으로 살아갈 수 없으며, 또 그렇다고 해서 빵 없이 살아갈 수도 없다.

물질을 두려워하는 것도 올바른 태도는 아니다. 두려워하기 때문에 금욕적이기 쉽다. 더욱이 이전의 가난했던 시대에는 물질을 중요하게 여기고 절약을 하지 않으면 영양부족으로 몸을 망칠 수밖에 없었다. 이것은 산에서 조난 당한 사람이 구조대가 도착할 때까지 가지고 있던 식량을 아주 조금씩 아껴 먹어서 생명을 연장시키는 것과 같다. 그러므로 물질이 가진 힘은 과거에 더 컸다. 대부분의 문화에서 물질을 두려워하며 금욕적인 인간이 되라고 강조한다. 그래서 금욕이 하나의 미덕이 되었다.

그렇게 물질을 두려워하다가도 한 번 굴복하면 물질의 노예가 되기 쉽다. 그런데 유대인은 금욕적이지 않기 때문에 항상 물질을 도구로 삼았다. 게다가 자신들이 절반쯤은 하늘에 속해 있다는 사실도 잊지 않았다. 반쯤은 하늘에 속하고, 반쯤은 땅에 속해 있다는 것은 유대인의 균형감각을 나타낸다.

물질이 너무 많으면 도리어 불편할 수도 있다. 일을 과도하게 하면 자신의 시간을 모두 일에 빼앗기는 것처럼, 물질을 너무 많이 소유하면 자신의 시간을 물질에 빼앗겨 버린다. 자동차, 텔레비전, 오디오, 카메라 같은 것은 사용하지 않으면 의미가 없다. 그러나 이것들을 사용하려면 그만큼 그것을 상대할 시간이 필요하다. 그 결과 사람과 만나는 시간이 줄어든다.

예를 들면 사람과 만날 시간에 텔레비전을 보거나, 단둘이 영화 구경을 하면 그 시간 동안은 대화를 나누지 못한다. 물질이 많아질수록 가난했던 시절과 비교해서 가족끼리 또는 친구들과 대화의 시간이 줄어드는 것을 볼 수 있다.

계속 물질을 소비하다 보면 자기도 모르는 사이에 물질

에 의해 우리 자신이 소모될 우려가 있다. 물질의 힘을 무시해서는 안 된다. 자신도 모르게 우리는 물질의 지배를 받게 된다.

오늘날 청소년들의 꿈은 좋은 학교를 나와 일류 기업에 취직하는 것이라고 한다. 왜 좋은 학교에 들어가기를 열망하는가? 소위 일류 기업에 취직하는 데 유리하기 때문이다. 이러한 사람들은 무엇보다 안정된 생활을 원한다. 그리고 좋은 집, 고급 자동차로 상징되는 풍요로운 삶을 기대할 것이다. 그러나 산을 올라갈 때에 이미 많은 사람들이 밟아서 단단해진 길을 선택한다면 보물을 찾아낼 수 없다.

대학 입학시험에서부터 일류 기업에 취직하여 정년에 이르기까지 하나의 레일에 묶여 생활한다면 관료적 삶이 되고 만다. 인생에는 때때로 모험이 필요하다. 모험을 체험하는 것은 매력적인 인간으로 만들어 준다.

레일이나 에스컬레이터를 타는 순간 인생은 그 트랙 속에 갇혀 버린다. 내가 이스라엘 텔아비브 대학을 방문했을 때 친구인 교수가 이렇게 말했다.

"텔아비브 대학이 이 나라에서 최고의 지식이 축적되어

있다는 평가를 받는 이유를 아십니까?"

텔아비브 대학은 이스라엘 최고의 명문 대학이다. 내가 머리를 가로저으니까 그는 이렇게 말했다.

"신입생들은 많은 지식을 지니고 들어오는데, 졸업할 때는 아무것도 가지고 나가지 못하기 때문이죠."

이것이 오늘날 명문 대학이라고 불리는 대학들의 공통된 문제가 아닐까 싶다. 학생들은 명문 학교의 간판을 따고 싶어서 들어올 때는 필사적으로 노력하지만, 일단 입학한 뒤에는 적당히 시간을 보내기 십상이다.

이처럼 입학한 것만으로 목적의 절반이 달성되는 상황에서는 자기를 단련하려면 더 강력한 의지가 필요하다. 대학에 들어와서 모처럼 인생에 자기를 창조할 기회가 주어졌는데 그것을 최대한 이용하지 않고서는 자기계발을 할 수 없기 때문이다.

약점을 인정하라

유대인은 인간에게 약점이 있다는 사실을 알고 있으며, 그 약점을 적당히 표현하는 것을 나쁘게 생각하지 않는다. 유대교에서는 여호와 하나님이 유일신이시다. 인류 역사상 유일신을 믿은 것은 유대인이 최초였다. 다른 유일신은 그리스도교, 이슬람교에서 볼 수가 있는데, 엄밀히 말해서 그리스도교나 이슬람교는 유대교에서 파생된 것이다. 아들이 자라 독립을 하듯 분가한 종교다.

유일신에게는 절대적 권위가 있다. 그런데 하나님이 그 권위를 몽땅 독점해 버렸으므로 지상에는 절대적 권위란 있을 수 없다는 신념이 생겼다. 유대인에게는 히틀러도, 스탈린도, 마오쩌둥도 있을 수 없다. 지상의 권위를 대단치 않게 여길 수 있다는 것 자체가 유대인의 힘이다. 오늘날 성공한 사람들 가운데에는 어떠한 형태로든 권위에 반항한 사람들이 많다.

유일신은 절대신이기도 하다. 그런데도 유대인은 하나님에게 불평불만을 많이 한다. 유대교에 따르면 하나님이 유대인과 계약을 맺어 유대인은 하나님에 의해 선택된 민족이라고 규정했다.

탈무드에서 "하나님은 유대인을 모든 민족 가운데서 선택했다고 하시는데, 어째서 우리만 선택하셨는가?" 하고 개탄한다.

또 "만일 하나님이 이 지상에 살고 계신다면 하나님의 유리창은 온전한 것이 한 장도 없을 것이다."라고 쓰여 있다. 사람들이 불평불만에 가득 차서 유리창에 돌을 던져 모조리 깨뜨렸을 것이라는 말이다.

그러나 탈무드는 이렇게 쓰고 있다.

"하나님께 질문을 해서는 안 된다. 답이 듣고 싶다면 이쪽으로 올라오너라."

"하나님은 가난한 자를 사랑하신다. 그러나 부자는 도와주신다."

쉐마지도자클리닉에서 서기관 랍비가 기도복을 두르고 대속죄일에 숫양의 뿔로 나팔 부는 모습을 재현하고 있는 모습.

하긴 하나님 쪽에서도 잠자코 계시지만은 않으셨다. 하나님은 유대인들에게 이런 뜻을 전하신다.

"하나님은 인간을 세 개의 단계로 측정하신다. 사람이 젊었을 때에는 그의 허물을 용서하신다. 청년이 된 후에는 그가 어떤 목표를 설정하고 있는가에 따라 측정하신다. 나이를 먹으면 하나님은 그가 뉘우칠 때까지 기다리신다."

"자신의 일로 가득 차 있는 인간 속에는 하나님이 깃들

곳이 없다."

탈무드에는 아브라함이 어느 노인의 천막을 찾아갔을 때의 에피소드가 나온다. 이 노인은 우상 숭배자였기 때문에 아브라함이 밤을 새워 가며 개종을 권했지만 성공하지 못했다. 그래서 아브라함은 단념하고 자기 집으로 돌아와 버렸다. 다음 날 저녁부터 아브라함은 노인을 찾아가지 않았다. 그날 밤 하나님이 나타나셔서 아브라함에게 이렇게 말씀하셨다.

"나는 네가 나를 믿게 될 때까지 70년을 기다렸느니라. 그런데 너는 하룻밤도 기다리지 못하다니, 도대체 어찌된 일이냐?"

아브라함이 천막에서 나온 뒤에도 하나님은 계속 그를 타일렀다.

내가 좋아하는 하나님에 대한 불평은 이런 것이다.

"하나님은 얼마나 불공평하신가? 하나님은 부자에게는 먹을 것을 주시고 가난한 자에게는 식욕을 주시니 말이다."

유대교는 기독교처럼 원죄 의식이 없다. 또 육체를 더러운 것으로 여기는 사고방식도 없다. 유대교에서는 죄의 종류를 두 가지로 분류한다. 하나님에 대한 죄와 인간에 대한 죄이다. 하나님에 대한 죄는 랍비의 중개 없이 직접 하나님에게 회개하며 용서를 빌면 된다. 또 사람에 대한 죄는 죄를 범한 상대에게 직접 용서를 빈다.

유대교의 대축제일인 '욤키퍼(대속죄의 날)'의 날에 유대인들은 금식을 하며 종일토록 참회의 기도를 드린다. 이날은 유대력으로는 '티시리아의 달(그레고리력으로는 9~10월)' 10일이다. 사람들이 모인 회당에서 세 사람의 장로가 토라를 읽는다.

죄는 56종류로 나뉘어 있는데, 대표적인 참회의 기도로 "하나님이여, 우리를 용서해 주시옵소서."라고 용서를 비는 대목이 나온다. 이때 절대로 "나를 용서해 주십시오."라고 말하지 않는다. 유대인들은 서로의 죄에 대해 공동 책임을 진다고 생각하기 때문이다. 또 인류의 죄와 그 죄의 책임을 분담한다는 의미도 있다. 욤키퍼 절기는 숫양의 뿔나팔 소리로 막을 연다.

인간은 허영이라는
바다에 사는 물고기

　　　　　　　　인간에게 나르시즘(자기애)은 대단한 것
이다. 평생 자기 자신과의 로맨스에 빠져 있는 것과 같다.
말하자면 끊임없이 자신에게 아첨의 말을 해댄다. 자신의
자녀나 부하들을 대할 때 그 가운데 어느 한 사람만 편애한
다면 가정이나 회사가 잘 되기 어려운 것처럼 그와 똑같은
현상이 자기 자신에게서도 일어나는 것이다. 우리는 인간
집단 속의 일원으로 생활하고 있다. 최저 단위는 부부나 연
인 사이이다. 그로부터 가족, 직장으로 확대되어 간다. 그러나
자기만 편애하면 다른 사람들로부터 반감을 산다.

　자기애는 누구나가 다 가지고 있기 때문에 어느 정도까
지는 피장파장이라고 하겠지만, 이 자기애는 자신을 크게

생각하는 것이기 때문에 나쁘다고만은 할 수 없다. 이 토양에서 자긍심, 자립심, 향상심(向上心)이 길러지므로 어디까지나 이 세계에서는 자신이 중심이다. 그리고 인간에게는 스스로 중심이 되어 보다 나은 세계를 만들어야 할 책임이 있다. 그러나 종종 맹목적인 자기애에 빠져서 타인이 그것을 얼마나 혐오하는지조차 모르게 된다.

인간은 태어나면서부터 자기중심적이다. 이것은 어린아이를 보면 충분히 알 수가 있다. 어린아이는 자신만 중요하게 여긴다. 자라면서 다른 사람들을 위해 자신이 어느 정도까지 양보하지 않으면 안 된다는 사실을 배운다. 인간은 한평생 어른이나 노인이 되지 않고 다만 어린아이가 나이를 먹어갈 뿐이라고 말하기도 하는데, 어른이 자신을 중요하게 여기는 것도 어릴 때의 생각이 그대로 이어지기 때문일 것이다. 그렇지만 어른이 어린아이와 같이 행동하지는 않는다.

자기애는 자신을 강하게도 하고, 약하게도 한다. 칭찬을 들을 때 즐겁지 않은 사람은 없다. 인간은 동서양을 불문하고 허영이라는 바다에 사는 물고기다. 노만 메일러는 "자아도취가 필요한 것은 정치가와 프로레슬러와 여배우밖에 없다."고 말했는데 그렇지만도 않다. 우리의 일상생활에서 인간이 얼마나 허식에 대해 약한 존재인가는 많은 예를 들 수 있다.

내가 엉뚱한 오류를 범하더라도 다른 사람들이 용서해 주는 일이 많다. 그러나 주위로부터 용서를 받아 그의 죄가 없어졌다 해도, 스스로 용서할 수 없는 경우가 종종 있다. 그래서 시간이 지나도 그 과오를 생각하면 가슴을 찌르는 듯한 고통을 느낀다. 이와 같은 과오는 자신의 허영심에 깊

은 상처를 준 것이기 때문에 한 번 받은 상처가 좀처럼 나아지기 어렵다.

   루이스 베네딕트는 제2차 세계대전 중에 쓴 《국화와 칼》이라는 책에서 일본인은 죄의식이 결여되어 있는 대신, 수치심을 가지고 있다고 설명했다. 죄는 개인 속에서 생겨나는 내적 문제인데 비해, 수치심은 주위의 평가에 의해 생겨나는 것이다. 그러므로 "여행에서는 수치심은 버려라!"라고 한 것처럼, 모르는 사람들 앞에서는 잘못을 저질러도 부끄럽지 않다. 유대교인이나 그리스도교인들 가운데에서도

죄보다 수치심에 괴로워하는 사람들이 많을 것이다.

또 한 가지 인간이 허세를 중요시한다는 예를 들어 보자. 우리는 자기를 돌봐 주는 사람보다도 자신이 돌봐 주고 있는 사람에게 더 호의를 갖는 법이다. 여기에도 인간의 약점이 드러난다. 신세를 지고 있다는 사실이 허영심에 상처를 입히기 때문 아니겠는가? 자신이 남의 아래에 있다는 엄연한 사실을 인정하고 싶지 않기 때문이다.

자기를 중심에 두는 것은 결코 잘못된 것이 아니다. 자기로부터 출발하는 자기애도 건전한 것이다. 인간은 '나'라고 하는 유일한 동물이다. 그러나 도가 지나쳐서는 안 된다. 자기애에 너무 빠져들면 자신을 지키는 일조차 위험하다.

사람은 칭찬을 들으면 즐거워진다. 어떠한 인격자라도 그렇다. 사람들에게 인정받고 싶은 것이다. 그래서 상대를 움직이고 싶을 때 그 사람의 자기애에 호소하는 것이 효과적이다. 그리고 사람들이 하고자 하는 일을 도와주는 것은 친절한 마음이기도 하다. 인간은 누구나 격려를 받고 싶어 하기 때문이다.

그러므로 인사말을 하는 것도 인생에서는 필요하다. 일

상생활에서는 상대나 상대가 가진 것을 칭찬해 주는 것이 예절이기도 하다. 말의 선물이라고나 할까. 좋은 선물을 하는 것도 사교 기술의 하나다.

탈무드는 아첨의 말을 하는 방법에 대해 이렇게 가르치고 있다.

"사람을 칭찬할 때에는 어리석은 자는 과장되게 칭찬하고, 현명한 사람에게는 그 반대로 칭찬해야 한다. 이것은 의사가 투약하는 경우와 완전히 반대다. 의사는 중환자에게 강한 약을 처방하고, 약한 환자에게는 약한 약을 투약하지만, 아첨을 할 때에는 지적으로 강한 자에게는 정도에 맞게, 지적으로 약한 자에게는 과장되게 말하지 않으면 안 된다."

우리는 고인을 애도할 때에 말을 아끼지 않는다. 왜냐하면 죽은 자는 이미 경쟁 상대가 되지 않기 때문이다. 성공한 사람일수록 살아 있는 동안에는 부러움의 대상이고, 죽어서야 비로소 칭찬의 말을 늘어놓는다.

또 우리는 노인과 아이들에게 친절하게 대한다. 노인은

과거에 속하고 아이들은 미래에 속해 있어 오늘에 살고 있지 않기 때문이다. 정작 오늘에 살고 있는 경쟁 상대에게 친절하게 대하는 경우는 많지 않다. 인간이 성공이라는 산의 정상에 가까이 감에 따라 선망이나 질투라는 벼락을 맞는 것은 이 때문이다.

탈무드는 경쟁 상대에게도 동정을 하고 칭찬해 주면 선망이나 질투는 그만큼 약화된다고 말한다. 특히 상대가 없는 곳에서 칭찬하는 일은 쉽지 않다. 그렇지만 라이벌이나 적(원수)으로부터도 배울 것은 많다.

탈무드에는 "자기애의 가장 좋은 반려는 겸손함과 타인에 대한 동정심이다."라고 쓰여 있는데, 좋은 충고라고 생각한다. 여기서 자기중심적인 생각으로 꽉 막혀 있는 뉴욕 출신의 유대인 이야기를 하나 소개한다.

1965년 11월, 미국 동부 지역에 대정전 사고가 일어났다. 뉴욕도 이때는 암흑 천지가 되었다. 브루클린에 사는 마르코스라는 남자가 마침 전구를 끼워 넣는 순간 정전이 되었다. 아내 로즈는 뛰어올라가 창문 쪽으로 달려갔다. 창

에서 뉴욕 시내를 내려다보니 콜타르를 쏟아 부은 듯한 암흑 천지였다. 로즈는 슬픈 목소리로 말했다.

"마르코스, 당신 어떻게 했기에 온 뉴욕을 정전시켜 암흑 천지로 만들어 놓았어요?"

겸손을 자랑하지 마라

겸손하다는 것은 사람들에게 힘을 준다. 그래서 "자신의 단점을 감추는 것과 같이 자신의 장점이나 공적을 감추려고 노력하십시오."라고 가르치는 것은 중요하다.

탈무드는 이렇게 쓰고 있다.

"지식의 길을 올라가면 겸손의 정상에 도달한다."

주다 아시에리는 다음과 같이 말했다.

"진정한 현인은 이런 사람이다. 어떤 사람과 만나더라도 무언가 나보다 나은 점이 있다. 만일 그가 연상이라면 현재까지는 그가 나보다 낫다고 생각한다. 왜냐하면 나보다 선행을 쌓을 기회가 많았을 것이기 때문이다. 만일 나보다도

젊다면 나만큼 죄를 범하지는 않았을 거라고 생각하고 존경한다. 만일 나보다도 부유하게 살고 있다면 아마 나보다도 더 많은 자선을 해 왔을 것으로 생각한다. 나보다도 가난하다면 나보다 더 고생했을 것이라고 생각한다. 나보다도 어질다면 그의 지혜에 대해 경의를 표한다. 만일 나만큼 어질지 못하게 보이면, 그는 나보다 잘못을 적게 저질렀을 것이라고 생각한다."

그러나 겸손함을 자랑해 보임으로써 상대에게 감동을 주어야겠다고 생각한다면 그보다 천박한 일은 없다. 참다운 겸손이란 계산되지 않고 자연스럽게 넘쳐 흘러나오는 것을 말한다. 지성이라는 산의 정상은 겸손이라는 아름다운 눈으로 덮여있다.

'미드라쉬'에는 겸손의 중요성을 이렇게 말하고 있다.

"훌륭하게 맺힌 포도는 늘어진다. 덜 여문 포도는 높은 곳에 있다. 위대한 사람일수록 낮은 데로 내려온다."

탈무드는 겸손의 중요성을 이렇게 말하고 있다.

"물은 높은 곳에서 낮은 곳으로 흐른다. 고여 있는 물은 더러워지지만 흐르는 물은 항상 깨끗하다."

그러나 겸손을 자랑하는 자는 자만하고 있는 자와 다를 바 없다.

세계는 1973년 제1차 석유 위기(오일쇼크) 때까지 물질의 풍요함을 구가했다. 물자 부족 따위는 어디서 부는 바람인가 하고 오만을 떨었던 것으로 기억한다. 그런데 얼마 못가서(1979년) 또 석유 위기에 직면했다. 과거 오일 쇼크의 교훈을 살리지 못했기 때문이다. 만일 사람들이 미래를 예견하고 석유 부족에 대한 준비를 했더라면 이런 낭패는 없었을 것이다.

탈무드가 말했듯이 "오만의 왕국에는 왕관이 없다."

제6장
삶에 대하여
Talmud

갈대처럼 산다

인간이 유연하게 산다는 것은 큰 의미가 있다. 하나님이 흙이라는 똑같은 재료로 만드셨지만 한 사람 한 사람이 각양각색이다. 그러므로 다른 사람들과 융화된 생활을 하려면 유연성이 필요하다. 자기 혼자만의 세계가 아님을 명심해야 한다.

옛날 랍비들은 뼈의 주위에 살이 있는 것은 중요한 뼈를 보호하기 위해서인데, 해파리처럼 살뿐이거나 돌처럼 뼈투성이어서도 안 된다고 생각했다.

랍비 앙켈은 이렇게 말한다.

"항상 갈대처럼 부드러워라. 삼나무처럼 키만 커져서는 안 된다. 갈대는 어느 쪽에서 바람이 불어와도 바람에 따라 흔들렸다가는 원래의 위치로 돌아간다. 바람이 없어지면

제대로 서 있게 된다."

   갈대는 무엇에 쓰이는가? 갈대는 '토라(구약성경)'를 쓰는 펜을 만든다. 삼나무는 어떠한가? 강한 바람이 불면 넘어져 버린다. 바람이 그친 뒤에도 나무는 쓰러져 있다. 쓰러진 삼나무는 집을 짓는 재료가 되거나 땔감으로 사라져 버린다. 갈대는 유연한 덕분에 좋은 여생이 약속되고, 삼나무는 경직되어 있기 때문에 벌을 받는 것이다.

무엇을 위해 달려가는가

사나이가 한눈 한 번 팔지 않고 서둘러 길을 가고 있었다. 랍비가 그 사나이를 불러 세우고 물었다.

"왜, 그렇게 서두릅니까?"

사나이는 대답했다.

"삶을 따라가려고 그럽니다."

"어떻게 그런 걸 다 아셨소?"

랍비는 말을 계속했다.

"삶을 따라가려고 그래서 쫓아가고 있는 것이군요. 그러나 실제로 삶은 당신의 뒤쪽에 있어서 당신을 쫓아오고 있는 것 아닐까요? 그러니 당신을 뒤쫓아오고 있는 것을 얌전히 기다리면 될 텐데 당신은 점점 더 도망쳐서 멀어지고 있는 것이 아닐까요?"

일에 열중한 나머지 인간다운 삶으로부터 멀어져 버린 사람들이 많다. 바쁘다고 하는 것은 얼핏 보아 근면함을 나타내니 장려해야 할 것처럼 보이지만 그렇지 않다.

　인간은 더러는 일손을 멈추고 "도대체 나는 왜 태어났는가?", "내게는 어떤 사명이 주어졌는가?", "인생의 목표는 무엇일까?" 하는 문제들을 생각해야 한다. 인생의 기본적인 문제를 생각한다는 것은, 가령 대답이 나오지 않는다 할지라도 인간의 내면적 깊이를 심화시킨다.

　현대는 'know how'의 시대라고 말한다. 여러 가지 문제가 있는 인생사를 어떻게 하면 해결할 수 있을까? 하는 것이 'know how'다. 그러나 오늘날의 인간은 'know how'에 열중한 나머지, 'know what'을 잊고 있다.

　'know what' 이란 사물의 본질을 알려고 하는 것이다. 그래서 'know what'을 생각해 보지 않으면 인생의 목표를 알지 못한다. 평범한 삶에만 정신을 빼앗겨서 주위 사람들에게 호소하는 무언가를 잃어버린다. 'know what'을 생각하는 사람은 자연히 인간미를 풍긴다.

휴일은 자신을 해방하는 날

유대인의 가장 큰 특징으로 사바스(안식일)라는 것이다. 일주일이 7일이라는 것은 누구나 알고 있다. 그러나 이 7일 가운데 하루가 휴일이 된 것은 토라에서 연유했다는 사실을 아는 사람은 많지 않다.

창세기에 따르면 하나님은 엿새 동안에 이 세계를 만드셨다.

> 하나님의 지으시던 일이 다하므로 일곱째 날에 안식하시니라 하나님이 일곱째 날을 복 주사 거룩하게 하셨으니 이는 하나님이 그 창조하시며 만드시던 모든 일을 마치시고 이날에 안식하셨음이더라. (창 2:2~3)

일반적으로 일주일은 일요일에서 시작된다고 생각하지만, 근원을 따지고 들어가면 안식일에서 끝나는 것이다. 그래서 제7일째가 휴일이 되었다. 영어로 말하면 '홀리데이(Holy Day)'다. 현재의 휴일이라는 영어 단어 '홀리데이(Holiday)'는 원래 '거룩한 날'이 변형된 것이다.

성경의 출애굽기에는 이렇게 명하고 있다.

> 안식일을 기억하여 거룩히 지키라 엿새 동안은 힘써 네 모든 일을 행할 것이나 제 칠일은 너의 하나님 여호와의 안식일인즉 너나 네 아들이나 네 딸이나 네 남종이나 네 여종이나 네 육축이나 네 문안에 유하는 객이라도 아무 일도 하지 말라. (출 20:8~10)

유대인은 이 명령을 철저하게 지켰고 이것이 큰 힘이 되어 왔다. 이 안식일은 '사바스' 또는 '사바드'라고도 불리는데, 금요일의 일몰부터 토요일의 일몰 직전까지 만 하루 동안 계속된다. 이스라엘에서는 이 시간이 휴일로 되어 있다. 유대교에서는 이 24시간 중에 일하는 것을 일체 금지

한다. 이때는 일에 대한 이야기를 해서도 안 되며 또 일에 대해 생각해서도 안 된다. 일에 관한 책을 읽어서도 안 되고, 또 일에 관련된 계산 등을 해서도 안 된다. 요리를 하는 것조차 금지되어 있다.

그래서 금요일 일몰 전에 요리를 만들어서 불이 켜져 있는 스토브 위에 얹어 놓는다. 불을 붙이는 행위도 금지되어 있다. 담배를 피우는 유대인에게는 지겨운 날이다. 물론 전날부터 불이 계속 붙어 있다면 피워도 좋겠지만 유감스럽게도 그런 담배는 없다. 단 이방인이 불을 붙여준 담배는 피울 수 있을지 모른다. 또 이날은 어떠한 교통수단도 이용할 수 없다. 만약 친구 집을 방문하려 해도 걸어가야 한다.

이날은 신성한 날이다. 그리고 진정한 휴일이다. 여자들은 이날이 시작되기 전에 집안을 깨끗이 청소하고 이날의 음식을 만들기 위해 준비한다. 마치 동양의 설 전날과 비슷하다. 전통을 중시하는 유대인의 가정이라면 매주 맞이하는 즐거운 날이다.

그래서 사바스가 가까워지면 유대인들의 집은 빛이 밝게 비치는 것처럼 보인다. 금요일 저녁 식사는 일주일 중에 가장 정성을 들여 장만한다. 안식일이 시작되기 전에 먼저 목욕을 한다. 사바스를 위해 특별히 몸을 깨끗이 한다.

그리고 가장 좋은 의복을 입고 가족들과 나란히 회당(예배당)으로 간다. 집으로 돌아오면 테이블 위에 촛불이 밝혀지고 특별히 포도주도 한 잔씩 든다. 남편은 아내가 얼마나 아름다운 사람인가를 찬미하는 말을 성경에서 찾아 읽는다. 그리고 다음날부터 시작되는 일주일이 보다 좋은 일주일이 되기를 합심해서 기도한다. 그리고 가족이 모두 함께 사바스를 찬미하는 노래를 부른다.

독자들 가운데 얼마만큼이나 진정한 휴일의 의미를 알고 있는지 모르겠다. 참으로 쉰다고 하는 것은 무엇을 말하는가? 사바스의 날에는 일을 해서는 안 되지만, 대신에 가족들이 일을 떠나서 서로가 여러 가지 이야기를 나눈다. 아버지는 또 아이들의 공부를 보아 주기도 하고 학교에서 어떤 것을 배우고 있는지 묻기도 한다. 그러므로 이날은 아버지와 자녀 간의 대화의 날이기도 하다. 인간에게 일이란 유익한 것이다. 그러나 일만 하고 살면 인간다움을 잃어버리게 된다.

사바스의 날에는 친구의 집을 방문하기도 한다. 그러나 이때도 사업 이야기를 해서는 안 되므로, 인생관이라든가 인성에 대해, 또는 예술에 대해 이야기한다. 이것이야말로 일로부터 진정한 해방이다.

탈무드는 "안식일(사바스)은 인간에게 주어진 것이지, 인간이 안식일에게 주어진 것은 아니다."라고 쓰여 있다. 이것은 내가 좋아하는 말이다. 휴일에도 사업이나 직무로 고민하고, 집에까지 일을 싸들고 가는 사람들은 불행하다. 마찬가지로 휴일에 일하는 날과 마찬가지로 정력적으로 노는 사람도 있다. 그러나 휴일은 쉬어야 하는 날이다.

유대인 중에는 알코올 중독자나 가정불화, 노이로제 환자가 매우 드물다. 이것은 각 민족과 비교한 통계치를 보아도 알 수 있다. 이것은 사바스가 있기 때문이다. 유대인은 휴식하는 방법을 잘 알고 있어서 인생을 풍요롭게 사는 우수한 기술(know how)을 가지고 있다.

일주일 중에 하루를 완전히 긴장으로부터 해방된다는 것이 얼마나 멋있는 일인가. 독자 여러분에게도 꼭 권하고 싶다. 서양인과 비교해서 동양인들은 휴식하는 방법에서 서툰 것 같다. 오늘날 풍요로워졌는데 일주일 또는 2주일을 계속해서 휴가를 보내는 사람은 적다. 그것은 최근에서야 삶의 여유가 생겨 아직 휴가의 습관이 뿌리 내리지 못했기 때문이다. 그러나 점차 직원들에게 일주일씩 충분한 휴가를 주는 회사들이 늘고 있다.

친구 가운데 그와 같은 회사에 근무하는 이가 있었다. 언젠가 만났을 때에 일주일을 쉬어야 하는데 무엇을 하며 보낼지 모르겠다고 호소했다. 일 이외에 자기를 표현할 수 없다는 것은 불행한 일이다. 어딘가 크게 잘못된 것이다.

나는 어느 파티에서 일본인 역사학자를 만나 이런 질문을 한 적이 있다. "고대에는 일요일이 없었다고 하는데 일본 사람들은 언제 쉬었습니까?" 그러자 대부분의 일본인들은 백중맞이(음 7월 15일)나 세모, 정월 휴가 정도만 쉬었다고 대답한다. 그래서 일본인은 역사적으로 쉴 줄을 모르는 국민이 아니겠느냐고 덧붙였다.

일본에서는 '무아(無我)'라든가, '멸사(滅私, 사사로운 욕심이나 정(情)을 버림)'라든가 하는 것을 오늘날에도 하나의 미덕으로 여긴다. 그래서 자신을 창조하는 휴일 같은 것을 생각하지 못하는 것이 아닐까. 홀리데이는 일본에서 휴일이라고 번역되고 있지만, 아무것도 하지 않는다는 것이 아니다. 또 단지 일을 하지 않는 날도 아니다. 이날은 인간이 본래의 모습으로 되돌아가는 '거룩한 날(홀리데이)'인 것이다.

나의 일본인 친구 가운데에는 등산을 하는 사람이 있다. 일요일은 신문도 읽지 않는다. 그리고 자연과 접촉하면서 자신을 발전시키려고 노력한다. 그의 말에 따르면 신문을 읽지 않는 것만큼의 쾌감은 없다고 한다. 신문종이는 나무를 베어 만든 펄프로 만들어지는데 "저렇게 아름다운 나무가 저렇게 추한 신문이 된다는 것은 인간의 큰 죄다."라고 말한다.

1년에 일주일이라도, 일주일에 하루만이라도 세속을 떠나 인간으로서 발전한다는 것은 새로운 인간을 만드는 것이나 다름이 없다.

탈무드에는 "쉬는 방법에 따라 그 인간을 알게 된다."는 말이 있는데, 휴일은 이처럼 중요한 것이다.

사람을 재는 자

랍비 이츠하크는 이렇게 말했다.

"당신이 진정으로 하나님을 사랑하고 있는지 어떤지는 당신이 친구를 어느 정도 사랑하고 있는가로 알 수 있다."

나는 여기에서 구약 성경에 나오는 이야기를 하나 소개하고자 한다.

옛날에 계속되는 전쟁으로 큰 고통을 받고 있는 나라가 있었다. 적을 맞아 싸우던 장군도 전쟁에서 패배의 쓴잔을 마셔야만 했다. 왕은 그 장군을 해임했을 뿐 아니라 나라에서 추방하고, 다른 장군을 그 자리에 임명하여 적을 치도록 했다.

처음 장군은 왕으로부터 조국을 배신한 것이 아닌가 하

는 의심을 받았다. 왕은 그가 진정으로 이 나라를 사랑하는지 아니면 미워하는지 알고자 했다. 그러다가 왕은 장군의 충성심을 재는 방법을 발견했다.

"만일 내가 의심하고 있는 사나이가 그의 후임으로 임명된 장군의 승전을 진심으로 기뻐한다면 이것은 신뢰할 만한 가치가 있는 사람이다. 그러나 라이벌을 시기하고 모함하는 언행을 한다면 놈에게 죄를 주지 않으면 안 된다."

하나님은 인간이 자신의 마음속에 깃든 사악한 마음과 싸우도록 창조하셨다. 오늘날 많은 인간들은 악과 싸우며 하나님을 사랑한다. 그런데 이 격렬한 싸움에 쓰러져 넘어지는 사람들도 있다. 인간의 가치는 이웃 사람들의 행복을 진심으로 기뻐해 주는 능력을 지니고 있는가, 아닌가로 측정할 수 있다.

자신이 행복감에 젖어 있을 때, 함께 그 기쁨을 나눌 만한 이웃이 있다면 얼마나 즐거운 일이겠는가? 이 에피소드는 단순히 1 대 1의 인간관계뿐만이 아니고 보편적인 인류애의 모습을 가르쳐 준다.

여기에서 친구나 우정에 관한 유대의 명언을 소개한다.

· 결점이 없는 친구를 가지려 한다면 일생동안 친구를 가질 수 없다.
· 계단을 내려갈 때에는 아내와 함께, 계단을 오를 때에는 친구와 함께 하라.
· 좋은 친구는 오래된 포도주와 같다. 사귄지 오래되면 오래될수록 그 향기는 높아지기 때문이다.
· 한 잔의 포도주가 백 명의 친구를 만든다.
· 미인 아내를 갖는 것은 나쁜 친구를 갖는 것과 같다.

금속의 안

손에 단단한 쇳조각이 있다고 하자. 얼핏 보아 금속은 죽어 있는 것처럼 보이지만 금속 내부에서는 미립자가 활발하게 움직이고 있다. 그들 나름대로의 법칙이 있어 거기에 따라 바쁘게 운동하고 있다.

예를 들어 금속 덩어리를 금괴에 대고 세게 누른 채 얼마동안 있다가 떼어 보자. 물론 외견상으로는 이 금속은 변한 것 같지 않다. 반대로 금을 쇳덩어리에 대고 눌러 보아도 좋다. 금속 덩어리는 아무런 변화가 없는 것처럼 보일 것이다. 그러나 과학자가 조사하면 그렇지 않음을 금방 알 수 있다. 금속을 다른 금속에 접촉시키면 미묘한 변화가 일어나서 금 또는 쇠의 미립자가 다른 쪽 금속의 미립자 속으로 얼마간 스며들어 간다.

그러므로 나는 인간과 인간이 만날 때에도 이와 똑같은 현상이 일어난다고 생각한다. 당신의 일부분이 상대 속으로 들어가고 상대방의 일부분이 이쪽으로 들어온다. 헤어진 후에는 아무 영향을 받지 않았다고 생각할지도 모른다. 그리고 상대의 얼굴도, 상대의 이름도 얼마 안 가서 다 잊어버릴 수 있다. 그러나 그 금속의 덩어리 두 개가 붙어 있었을 때처럼 미묘한 변화가 일어나고 있다. 그의 이름이나 얼굴을 잊어 버렸어도 어딘가에는 당신 속에 그가 남아 있는 것이다.

이와 같은 일을 생각해 보면 매우 두려운 일이기도 한다. 당신이 미워한 인간, 두려워한 인간, 또는 싫어한 인간들도 당신 속에 파고 들어와 있는 것이다. 그러므로 내가 만나는 인간에게 어느 정도의 시간을 소비할 것인가, 어디까지 말려들어갈 것인가를 신중하게 생각하지 않으면 안 된다. 금속과 금속이 서로 영향을 미치게 되는 것처럼, 인간 사이에서도 같은 현상이 일어나기 때문이다.

사람은 서로 영향을 미친다. 인간은 혼자 성장할 수 없으며, 혼자 타락할 수도 없다. 자신과 어울리는 알맞은 인

간성을 지닌 사람을 만나는 것은 인생에 대단히 중요한 일이다. 좋은 사람과 만난다면 그 인간성을 본받아야 할 것이다. 본받는 것을 두려워해서는 안 된다. 인간은 누구든지 좋은 것을 본받으면서 더 좋은 방향으로 성장해 갈 수 있다. 우수한 예술가나 작가도 최초에는 남을 본받음으로써 자신을 형성해 나간다. 그리고 인간은 제아무리 흉내를 잘 낸다 해도 완전히 그 사람이 될 수는 없기 때문에 그것을 바탕으로 성장해 가면 되는 것이다.

모방은 훌륭한 사람을 본따서 하는 게 좋다. 어떻든 인류가 발전한 것은 선인들의 업적을 이어받아 왔기 때문이다. 교육은 모방을 전제로 하는 것이다. 그렇긴 해도 인간은 모방할 의지가 있고 없고를 불문하고 앞에서 말한 금속 덩어리처럼 자기도 모르게 영향을 받는다. 그러므로 자신이 교제하는 사람들, 특히 젊은 날의 교제는 주의하지 않으면 안 된다. 그리고 결점이 많은 사람은 지금까지의 인생을 돌이켜 보면 바람직하지 못한 친구들로부터 감염된 것이 많다는 사실을 알게 될 것이다.

개와 놀면 이가 옮는다

· 완전한 친구를 찾는 자는 한 사람의 친구도 얻지 못할 것이다. 이것은 친구에게도 자신의 불완전함을 용서 받는다는 말이다.

· 당신의 가장 믿을 만한 친구는 거울 속에 있다. 이것은 자신을 가리키는 것이다.

· 친구는 꿀과 같은 것, 전부 먹어 버리려고 해서는 안 된다. 이것은 친구가 허물이 없다고 아무렇게나 대해서는 안 된다는 뜻이다.

· 향수 가게에 들어가면 아무것도 사지 않더라도 좋은 향기가 몸에 밴다. 좋은 친구를 가지면 자신도 발전한다.

· 오랜 친구 한 명을 새로운 친구 열 명보다도 중요하

게 여겨라.

· 자기가 없더라도 친구가 살아갈 수 있으리라고 생각하는 사람은 친구를 갖고 있다. 그러나 자기가 없어지면 친구는 살아갈 수 없으리라고 생각하는 사람은 친구를 갖고 있지 않다.

· 친구가 없는 자는 한쪽 팔밖에 없는 인간과 같다.

· 친구에는 세 종류가 있다. 빵과 같은 친구-항상 필요하다. 약과 같은 친구-가끔 필요한 친구다. 질병과 같은 친구-이런 친구는 피하도록 하라.

· 친구를 구렁텅이에서 구할 때에는 자신도 흙탕물을 뒤집어쓰는 것을 두려워해서는 안 된다.

· 철새와 같은 친구를 사귀어서는 안 된다. 날씨가 추워지면 날아가 버린다.

· 개와 놀면 이가 옮는다.

솔선수범의 의미

사람이 가장 범하기 쉬운 과오는 무엇인가? 또 가장 전형적인 과오는 무엇인가? 그것은 자신이 무언가 좋은 일을 하지 않아도 누군가 다른 사람들이 해 주기 때문에 사회는 잘 돌아간다고 생각하는 것이다. 이것은 기생충과 같은 아주 비겁한 태도이다. 스스로 무언가를 시도하지 않는 한 결코 그 사회가 제대로 기능을 발휘할 수가 없는 것이다.

"좋은 가족관계를 유지하고 싶다."

"가정생활도 성공히고 싶다."

"좋은 지역 사회를 만들고 싶다."

"좋은 나라를 만들고 싶다."

이렇게 말하면 대부분의 사람들은 "물론이죠."라고 대

답할 것이다. 더군다나 대부분의 사람들이 좋은 가정, 좋은 지역 사회, 좋은 직업을 만들어 간다든가 좋은 나라를 만들기 위해서는 어떻게 하면 좋은지도 알고 있다.

그러나 단지 방법을 알고 있는 것만으로는 의미가 없다. 무엇이 좋은가, 무엇이 나쁜가를 판단하는 것만으로도 불충분하다. 다른 사람들에게 좋은 일을 하도록 호소하는 것으로도 불충분하다.

우리는 다른 사람의 과오나 부정에 대해서는 아주 민감하다. 그러나 자신의 과오나 부정에 대해서는 매우 관대하다. 자기에게만 특권이 있는 것처럼 착각한다. 자신의 변명이나 이유를 제일 잘 들어 주는 것은 자기 자신이다.

사람들은 자신의 아내나 자녀들, 동료, 상사, 주위 사람들 모두에게 엄격한 기준을 설정해 놓고 있다. 그러나 자기 자신에게도 항상 그와 같은 것을 요구할까? 가장 전형적인 과오는 자신은 모범을 보이지 않고 다른 사람들에게만 좋은 일을 하기를 기대하는 것이다.

좋은 가정이란 어떤 것일까? 가족 구성원들 서로가 좋

은 영향을 미치는 가족이다. 부모도 자식도 함께 성장하여, 보다 더 자기표현이 가능한 환경을 힘써 만드는 가정을 말한다. 다만 가족으로 존재하는 것만으로는 충분치 않다. 서로 각자의 자유를 추구해서는 아무것도 안 된다. 다 함께 꽃을 피워 나가는 가족이어야 한다.

좋은 가정을 창조해 내려면 창조적인 노력이 필요하다. 가족은 두말할 나위도 없이 피를 나눈 관계다. 그렇더라도 구성원들은 각각의 개성을 지니고 있다. 자기 나름대로의 이해관계도 가지고 있다. 그러므로 관용과 인내심을 갖추지 않으면 안 된다. 무엇보다 항상 좋은 일에는 자신이 모범을 보이지 않으면 안 된다.

솔선수범이 가장 좋은 교육이다. 좋은 행위이건 나쁜 행위이건 그 행위는 주위에 전염된다. 솔선수범을 하려면 먼저 자기 기준이 확립되어 있어야 한다. 솔선하여 모범을 보이는 것이 능한 사람은 상대가 알아차리지 못하더라도 묵묵하게 모범을 보여 언젠가는 사람들이 따라오게 만든다. 자기가 확립된 인간은 부화뇌동하는 일이 없다.

솔선수범하는 사람들은 역사에서 기억되지 않을지도 모

른다. 그러나 오늘날 이 세상이 조금이나마 진실성이 있고, 살기 좋은 곳이라고 한다면, 그것은 이러한 무명전사와도 같은 사람들이 남겨 놓은 유산의 덕택이라고 하겠다.

히브리 어에서 1은 '에하트'라고 하는데, 이것은 숫자의 1을 의미할 뿐만 아니라 '훌륭한 또는 최고'라는 의미도 지니고 있다. 언제나 자신이 1이 되도록 노력해야 한다. 1은 가장 명예로운 숫자다. 자신의 행동에서부터 모범이 이루어지도록 하라.

우선 좋은 가정을 만드는 일부터 시작하자. 좋은 가정을 만드는 것은 가정만이 아니고 좋은 직장, 좋은 지역 사회를 만드는 것과도 통한다. 도대체 참된 지도자란 어떤 사람을 말하는가? 다름 아닌 솔선수범할 수 있는 사람을 말한다. 시작 테이프를 끊을 수 있는 사람을 말한다. 다음부터는 따르는 사람이 되는 것이다.

탈무드에서도 지도자나 리더십에 관해 다음과 같이 쓰고 있다.

· 육체는 머리를 따른다.

· 선장을 잃은 배는 키를 잃는다.
· 높은 지위에 오르는 자는 그런 지위를 노린 자가 아니다.
· 비난에 미소로 대답할 수 있는 사람은 지도자가 될 자격이 있다.

이웃의 아픔을 공감하라

러시아의 사소푸에 살고 있던 한 랍비가 제자들을 앞에 놓고 이렇게 말했다.

"나는 이웃을 사랑한다는 것이 무엇인지를 어느 두 시골 사람의 대화를 엿듣고서 비로소 깨달았다네. 첫째 사나이는 '지금 자네는 친구로서 나를 중요하게 여기는가?'라고 물었지. 둘째 사나이는 '물론 자네를 중요하게 여기지.'라고 대답했네. 그러자 첫째 사나이는 '내가 아픔을 느낄 때에 자네는 그걸 알 수 있는가?' 하고 다시 물었지. 그러자 둘째 사나이는 '자네가 아픔을 느낄 때에 어째서 아픈지 내가 어떻게 알 수가 있겠는가?' 하고 반문했다네. 그러자 첫째 사나이가 '만일 무엇이 나를 괴롭히는지를 알지 못했다면 어찌 나를 중요하게 여긴다고 말할 수가 있겠는가.'

라고 말하더군."

 랍비가 "이만 하면 알아들었는가?" 하고 물었다.

 "네, 알겠습니다. 참으로 상대를 중요하게 여긴다고 하는 것은 왜 그 사람이 괴로워하는지를 알아야 한다는 것이군요."

 인간이 한평생을 통해 친구를 필요로 하는 것은 누구나 알고 있는 사실이다. 아직 건강하여 일을 왕성하게 할 수 있을 때에 모든 사람들은 친구들과 인생을 서로 나누고 즐긴다. 그리고 인생이 어려워진 시기에는 친구의 도움을 필요로 한다. 몸이 쇠약해졌을 때에도 의지하고 싶은 마음으로 친구를 필요로 하게 된다.

근면의 습관

"성공이나 실패도 버릇이다."라는 동유럽 유대인의 속담이 있다. 여기에는 음미해 볼 만한 깊은 뜻이 있다. 근면과 인생의 성공은 안팎의 관계로 맺어져 있다. 근면한 까닭에 성공한 사람은 있어도 게으른 까닭에 성공했다고 하는 사람은 없을 것이다. 물론 근면한 것만으로는 성공하지 못한다. 그러나 뭐라 해도 부지런히 일하는 것은 성공의 기본적인 조건이다.

탈무드에도 "이 세상에서 가장 따분한 것은 할 일이 없는 것이다."라고 말하고 있다. 성공에는 고생이 따르게 마련이다. 옛날 사람들을 생각해 보자. 그들은 불을 일으키기 위해 오랜 시간 나무나 돌을 문질러야 했다. 나무 열매를 따기 위해 높은 나무에 오르지 않으면 안 되었다. 성경의 시편에는 이렇게 노래하고 있다.

> 눈물을 흘리며 씨를 뿌리는 자는 기쁨으로 거두리로다.
> 울며 씨를 뿌리러 나가는 자는 정녕 기쁨으로 그 단을
> 가지고 돌아오리로다. (시 126:5-6)

그러나 근면이라든가 게으름이 본성에 의한 것인지 아닌지 하는 것보다도, 습성화되어 있는 경우가 많다. 물론 어렸을 때의 가정환경이나 가정교육, 학교교육도 커다란 영향력을 지니고 있다. 그렇지만 물이 높은 곳에서 낮은 곳으로 흐르듯이 인간도 괴로운 것을 피해서 향락 쪽으로 향하기가 쉽다.

근면에는 두 종류가 있다. 밖으로부터 강요당한 근면과 자진해서 하는 근면이다. 가난했을 때에 논밭이나 작업장의 나쁜 노동 조건하에서 장시간 기계적으로 일하는 것은 생활의 필요에 의해 강요된 근면이다. 그렇지 않으면 생계를 유지할 수가 없었기 때문이다.

이때의 근면만으로는 성공할 수 없는데, 그 이유는 밖으

로부터 강요된 것이기 때문이다. 중국이나 동남아시아 농민들이 놀랄 만큼 오랜 시간을 논밭에 매달려 허덕거려도 생활이 향상되지 않는 것은 외부로부터 강요당하며 일을 하기 때문이다.

월급쟁이나 일당을 받는 사람들이 열심히 일하는 것도 외부로부터 부과된 근면이다. 이와 같은 근면은 외부로부터의 압력이 사라지면 아무것도 남지 않는다. 주부가 가사에 힘쓰는 것도 외부로부터 강요받는 일이기 쉽다. 그래서 직장에서 은퇴하거나, 자식이 독립해서 일이 사라지면 무기력해지는 것이다.

자진해서 일하는 근면함은 자신의 것을 창조한다. 한 걸음 한 걸음 자신을 키워나간다. 그리고 시간이 흐름에 따라 자기를 확립시켜 간다.

그러나 예상 외로 스스로 몸에 밴 근면도 습관인 경우가 많다. 어떠한 외국어라도 좋겠지만 동양에서 영어 열풍이 높기 때문에 영어를 배우는 것을 예로 들겠다. 아침에 30분만 일찍 일어나 1년간 영어를 공부하여 기초를 몸에 붙이려고 했다고 하자. 실제로 나의 친구 가운데 그렇게 한 사람이 있었다. 더군다나 집이 작아서 따뜻할 때는 매일 아침 옥상에 올라가 테이프를 사용하여 자습을 했다. 자동차

를 가지고 있었으므로 겨울에는 차 안에서 공부했다.

  1년 후 그의 영어 실력은 몰라볼 정도로 늘었다. 그 결과 사내 진급 시험에 통과하여 런던 지점에 근무하게 되었다. 나는 언제가 가장 고생스러웠느냐고 물었다. 시작하고 1개월까지였는데 그 이후는 습관이 되었다고 한다. 그러므로 속담처럼 새로운 버릇을 자신에게 붙이도록 하는 것이 성공의 실마리가 된다.

인생은 두 번 살 수 없다

젊은 시절에는 시간이 귀중하다는 사실을 깨닫지 못한다. 아이들은 아예 시간 감각이 없다. 그러나 성장함에 따라 시간이 곧 재산임을 알게 된다. 금전 감각도 시간 감각도 어른이 돼야 몸에 붙는다.

그러나 시간은 여벌이 없다. 우리는 이 사실을 알고 있으면서도 동시에 시간을 낭비한다. 그러나 시간을 유익하게 사용하지 않는다면 시간은 우리를 망친다. 그렇게 되면 시간이 우리를 통과해 지나가는 것이 아니라, 우리가 시간을 통과해 가는 것이다. 시간은 재빠른 동작의 값비싼 짐승과도 같다. 잘 잡는 자가 성공한다.

인간이 다른 동물과 다른 점은 시간을 알고 있으며, 어떻게 사용할 것인가를 미리 계획할 수 있다는 점이다. 동물에게는 오로지 현재만이 존재하며 그들은 현재를 붙잡는 것밖에 모른다. 그러나 똑같은 인간이라도 현재만을 생각하고 살아가고 있는 인간과, 미래를 생각하고 살아가는 인간의 사이에는 커다란 거리와 차이가 있다.

우리는 이 시간(때)을 한 번밖에는 체험하지 못한다. 만일 우리가 인생을 두 번 살 수 있다면 아주 다른 인생이 될 것이 틀림없다.

개성은 그 사람의 매력

사람은 누구나 자신을 중요하게 여겨야 한다. 진정으로 자신을 존중하고 성실한 태도로 임할 때 개성이 생겨난다. 사람은 자기의 개성을 통해 세계에 공헌할 수 있다. 그러니 개성을 기르는 것은 인간의 의무라고 하겠다.

히브리라는 말은 '건너편에 선다.'는 뜻이다. 누군가 자신을 반대한다는 것을 두려워해서는 안 된다. 왜냐하면 서로 다른 것들이 경쟁함으로써 새로운 것이 탄생되기 때문이다. 세계가 완전히 한결같다면 진보나 발전이 생겨날 수는 없는 것이다.

탈무드는 수많은 랍비들의 논쟁을 수록한 책이다. 말하자면 현명한 랍비들의 대화를 몇백 년이라는 긴 세월 동안 테이프 레코드에 녹음해서 정리한 것이 이 유대인의 영지를 집대성시킨 대사전이 된 것이다.

탈무드는 "만일 모든 사람들이 한 방향으로 향해 나간다면 세계는 기울어져 버리고 말 것이다."라고 가르치고 있다. 모든 것이 동일하다면 세계는 중심을 잃고 우왕좌왕할 것이다.

개성이 어째서 중요한가를 비슷한 예를 들어 설명하겠다. 극동 지방에는 찻집이 많다. 찻집은 주변 일대의 손님들을 상대로 하는 것이 필연적이다. 이렇게 하면 판매구역이 좁다. 직장인의 점심을 주로 파는 식당 역시 그 상권이 좁아서 가까워서 편리한 손님밖에는 오지 않는다.

그러나 식당에 특색이 있고 전문화되어 있다면 그것이 도심지에 있건 변두리에 있건 상관없이 먼 곳에서도 찾아오게 된다. 그러면 상권이 넓어진다. 이른바 '단골집', '단골손님'이라고 부르는 것이다. 손님이 일부러 멀리서도 찾아가니 요컨대 상권이 생긴다.

인간도 이와 같다. 참으로 개성 있는 인간은 자신의 판매구역이 따로 없다. 그 사람의 개성을 찾아 멀리서도 사람들이 찾아오기 때문이다.

    여기에 아인슈타인의 예를 들것까지는 없을지 모르나, 아인슈타인은 세계 전체가 그의 판매구역이었다고 말할 수 있다. 인간에게는 '찻집형'과 아주 특색이 있는 전문화된 '식당형', 또는 '단골형'이 있다. 어느 쪽이 되는가는 그 사람이 자신의 개성을 어떻게 닦아 나가느냐에 달렸다.

제7장
죄와의 대결
Talmud

향유보다 선행이 낫다

옛날에 향유는 매우 값비싼 것이었다. 그런데 향유보다 더 가치 있는 것이 있다. 선행이다. 성경에는 "선행은 값비싼 향유보다 존귀하다."고 쓰여 있다. 탈무드에도 이와 같이 쓰고 있다.

· 좋은 향유는 아래로 향해 떨어지지만 선행에 의해 얻어진 명성은 위로 올라간다.
· 값비싼 향유는 일시적인 것이지만 선행은 영원하다.
· 향유는 돈으로 살 수 있지만 선행은 거저 나온다.
· 향유는 살아 있을 때에만 필요하고 선행은 죽은 후에도 남는다.
· 향유는 부자만이 살 수 있는 것이지만 선행은 가난

한 자나 부유한 자나 모두 할 수가 있다.

· 향유의 좋은 향기는 집안을 가득 채울 수 있지만 선행은 온 나라 안에 퍼져 알려질 수가 있다.

그러나 선행을 권장하면 아무래도 도덕 설교처럼 들릴지도 모른다. 처세술에는 어울리지 않는다고 느낄 독자가 있을지도 모르겠다. 하지만 선행을 쌓은 사람은 사람들로부터 신뢰를 받고, 좋아하게 되고, 존경을 받는다. 왜냐하면 선행은 선의(善意)가 없으면 불가능하며 사람들은 선의를 높이 평가하기 때문이다.

한 사람 한 사람 촛불을 들어라

우리는 가끔 이 세계가 부정으로 가득 차 있다고 생각하고 좌절감을 느낀다. 부정이 너무나도 만연하여 우리가 가는 길을 가로막고 있다. 그러므로 부정에 대항해 싸우기보다 타협하는 편이 낫지 않을까 하고 느낄 때가 한두 번이 아니다.

그러나 만약 당신이 너무나 지쳐 있다면 조금 다른 방법을 생각해 보자. 부정에 대항하여 싸우는 것이 아니라 그 반대의 일을 해 보는 것이다. 질병에 비유해 보자. 큰 병에 대항해 투병하는 것은 아주 큰일이다. 열이 난다. 약을 먹는다. 또 그 약의 부작용이 일어날지도 모른다. 그래서 또 약을 먹는다. 그러나 병과 싸워 이기는 것보다 좋은 방법은 체력을 강화하는 일이다. 운동, 균형 잡힌 식사, 규칙적인 일상생활, 그러한 것이 인간을 건강하게 만든다.

  육체를 강화함으로써 병을 이길 수가 있다. 요컨대 '생(生)'과 '사(死)' 사이에서 생 쪽을 강화하면 죽음은 그만큼 약화된다. 질병을 치료하는 것처럼 죽음과 직접 싸우는 것이 아니라 생과 훌륭하게 협력하는 것이다.

  정직한 삶과 부정 사이에도 같은 관계가 있다. 자신이 올바른 생활을 함으로써 세간의 부정을 이겨 낼 수 있다. 다른 사람이 부정을 저지를 때 공격하는 것도 하나의 수단이다. 그러나 자신의 행동을 올바르게, 더 한층 정당하게 사는 것이 그만큼 세상으로부터 부정을 몰아내는 결과가 된다.

  탈무드는 이것을 이렇게 설명하고 있다.

"누군가가 촛불을 들고 있으리라 생각하고 어두운 방 안에 들어갔는데, 한 사람도 촛불을 들고 있지 않았다. 어두운 방일지라도 한 사람이 하나씩 촛불을 들고 있다면 방안은 대낮처럼 밝아질 것이다."

고대의 랍비는 "좋은 것은 나누어 가지더라도 자기의 책임은 나누어 갖지 마라."라고 경고하고 있다.

부정적인 일의 절반은 환경의 탓이나 또다른 요인으로 책임을 전가시키려고 할지라도, 언제나 나머지 절반은 자신에게 남는다. 그런데도 타인의 탓으로 돌리려고 하는 것은 이기심이 개입되어 있기 때문이 아닌가? 이기심이 개입되어 있다고 말하는 것 자체가 자신이 분명하게 존재하고 있다는 증거다.

결국 세계의 중심에 자신이 있는 것이다. 자신을 완전히 없앨 수 있다면 자신의 책임을 없앨 수도 있을 것이다. 그렇지만 자신이 있는 한 50%는 환경 탓으로 돌릴 수 있다 하더라도 50%는 항상 자신에게 남는다. 자신으로부터 도망칠 수는 없다. 타인으로부터 자신을 감추는 것은 용이할지 모르지만 자신의 양심으로부터 도망칠 수는 없다. 도덕은 누구나 다른 사람에 대해 요구하는 것을 규정한 것에 지나지 않는다. 도덕은 다른 사람에 대한 연민이나 동정일 수 있다. 따라서 동정심이 많은 사람은 그만큼 다른 사람들로부터 호감을 사며 신뢰를 받게 된다.

도덕은 타인에 대한 동정

처세술을 이야기한다면서 지금까지 도덕적인 것만 말했다. 따라서 도덕에 관한 책이 아닌가 하고 의아하게 여길지도 모른다. 그러나 "너는 살인을 하지 마라."라는 극단적인 예로부터 시작해서 "거짓말을 해서는 안 된다."든가 "도둑질하지 마라." 등의 가르침은 도덕적인 가르침이라보다 인간이 원만하게 공동생활을 해 나갈 수 있도록 고려된 것이라 하겠다.

예를 들어 "거짓말을 해서는 안 된다."라는 말을 들어 보면, 거짓말이라고 하는 것은 당사자인 본인은 제쳐 놓고 다른 어떤 사람에게나 아주 불쾌한 것이다. 도둑질을 하는 자는 무언가 얻는 게 있을지는 모르겠지만 사회생활을 영위하는 다른 사람들에게는 괘씸한 짓이다.

그래서 도덕은 어느 누구든 타인에 대해 하고 싶은 행동을 규제하는 것이다. 그러므로 도덕이란 타인에 대한 동정심이라고 생각한다. 동정심이 있는 사람은 사람들이 좋아하게 되고, 신뢰를 받게 되고, 필요로 하게 된다.

제 아무리 흉악한 사람이라도 자기 패거리들 사이에서는 상상 외로 의리와 도덕을 내세우지 않는가. 따라서 도덕은 인간생활에 무엇보다 중요한 것이다.

'노'라고 말할 용기

천사와 인간은 어떻게 다를까? 천사의 특성은 그들이 항상 순진무구해서 절대로 부패할 수 없다는 것이다. 그러나 그들의 결점은 더 이상 발전하지 못한다는 점이다. 인간의 결점은 부패하는 것이다. 대신 발전할 수 있다는 장점이 있다. 인간은 이와 같은 장점과 단점을 지니고 있다. 물론 인간은 이런 장점을 이용하면 힘이 된다.

인간은 완전무결한 존재가 아니다. 또 그렇게 될 수도 없다. 완전은 이상에 불과하다. 그리고 이상은 넓은 바다에 떠 있는 배를 인도해 주는 밤하늘의 별과 같다. 누구나 알 수 있듯이 선원이 아무리 별을 향해 간다 해도 별에 도달할 수는 없다. 그러나 별을 따라 별에 가까이 가려다 보면 바른 길을 찾아갈 수 있다.

인간에게 이상도 똑같은 것이다. 불완전하지만 완전함에 가까이 가려고 함으로써 올바른 길을 갈 수 있다. 올바른 길을 걸어 나가기 위해서는 용기가 필요하다. 힘이 없으면 걷지 못한다. 그러나 자신을 힘으로 강제할 수는 있어도 타인에게 자기 힘으로 강제할 수는 없다. 고대 랍비들은 타인을 그렇게 하려고 한다면 여자와 같은 상냥함이 필요하다고 말하고 있다. 하나님은 인간에게 남자의 강력함과 여자의 상냥함을 무기로 주셨다.

완전함을 추구하는 것은 무리다. 자신은 하지 못하면서 타인에게 그것을 요구하는 사람은 자연히 교만해진다. 그러나 완전해질 수 없다는 것을 알면서 완전에 가까워지려고 노력하는 인간은 겸손하다. 겸손한 사람은 자신의 힘을 내보이지 않는다. 그러나 오만한 자는 자신의 힘 이상으로 과장하고 있다. 그러므로 겸손한 사람 쪽이 강한 것이다.

이것은 겸손과 자만(자기도취)의 차이이기도 한다. 자신을 갖고 있는 사람은 자신의 실력의 한계를 잘 알고 있지만, 자아도취에 빠져 있는 자(자만하는 자)는 자신의 실력의 한계를 알지 못한다.

탈무드는 "자신이 가능한 일을 성취시키려고 하는 것은 인간이며, 자신이 하고 싶은 일을 희망하는 것은 하나님이다."라고 쓰여 있는데, 몇 번인가 되풀이해 읽어 보면 이 아이러니를 이해할 수 있다. 겸손함 속에서만 사람들을 지도할 수 있는 힘이 나온다.

겸손한 사람의 인성은 또 관용이기도 한다. 마찬가지로 여자의 부드러움이라고 하는 것도 관용을 말하는 것이다. 그렇긴 하나 원칙이 없는 관용이란 단정치 못한 방종이 된다. 분명한 하나의 경계선이 그어지지 않으면 안 된다.

자녀들은 무엇이든 "좋아, 좋아." 하고 허용해 주면 현대적이고 이해심이 많은 아버지라고 생각한다고 한다. 관대한 아버지라는 뜻일 게다. 정치가들 중에는 어떤 일이든 이처럼 "오냐, 오냐." 하는 식의 현상이 나타나는 것은 곧 사회가 나빠지고 있는 것이라고 지적하는 사람들도 있다. 내가 일본에 있을 무렵 '대화'라는 말이 유행하고 있었다. 상대가 말하는 것이 무엇이든 귀를 기울여 볼 점이 있다는 것이다. 도대체 그것이 좋은 일일까? 당치도 않은 이야기다. 탈무드도 이렇게 말했다.

"타협을 해서 득을 얻겠다고 생각한다면 큰 잘못이다. 오히려 큰 손해를 보게 된다."

젊은 시절에는 공산주의자였고, 그것으로 인해 나치 독일에 쫓겨나 런던으로 옮겨 갔던 철학자 칼 만하임은 "자유주의자들이 중립성과 관용 정신을 함께 갖추었던 것이 실패의 원인이 되었다. 만일 그 때에 '노(No), 노(No).'라고 분명히 말할 수 있었다면 나치는 정권을 장악하지 못했을지도 모른다."고 말했다.

나치나 공산주의 운동과 같은 전체주의는 이와 같은 중립주의나 그릇된 관용 정신에 발붙여서 뻗어나가는 것이다. '안 된다.'고 생각했을 때에는 "안 됩니다."라고 분명히 외칠 만한 용기를 지니고 있지 않으면 안 되는 것이다. 대회 중에도 "안 됩니다."라고 말할 수 있는 용기가 필요하다.

불공정한 시합

랍비 이스라엘 샐런터는 어느 날 두 명의 소년이 누가 더 키가 큰지 입씨름을 하는 것을 보았다. 한 소년은 다른 소년을 도랑 가운데에 세워 놓고는 자기가 더 크다고 우겨댔다. 이것을 본 랍비는 안타까운 표정을 지으며 이렇게 말했다.

"이것은 남이 자기보다도 못하다는 사실을 증명하기 위해 전 세계에서 언제나 행해지고 있는 방식이 아니겠는가? 만약 상대방을 도랑 가운데에 세울 수 없었다면 자신이 의자 위에 올라가서라도 자기가 더 크다는 사실을 증명하려고 할 것이 틀림없다."

내가 일본에 머물 때 경마에서 말에게 흥분제를 주사하거나 야구 경기에서 선수로 하여금 점수를 조작하게 한 사

건이 있었다. 나쁜 일은 대개 다 드러나게 마련이며 뒷맛이 개운치 않다. 이것은 개인간의 경쟁에서도 마찬가지다. 상대방에게 자기만 유리한 경기를 강요해선 안 된다. 언젠가 도금은 벗겨지게 마련이다.

명성을 붙잡는 사람, 명성에 붙잡히는 사람

인간은 좋아하는 것을 두려워해야 한다. 돈, 술, 섹스처럼 인간이 빠지기 쉬운 것은 모두가 두려운 존재다. 따라서 이런 것들에 대한 태도로 인간을 측정할 수 있다.

명성 또한 그렇다. 확실히 인간은 명성(명예)을 얻고자 한다. 사람들로부터 좋은 의미로 "아, 그 사람."이라는 말을 듣는 사람이 되는 것이다.

사람들로부터 무시받는 것만큼 굴욕적인 일도 없을 것이다. 반대로 사람들로부터 존재를 인정받을수록 생활의 안정과 발전에도 영향을 미친다. 탈무드에서 "명성은 손에 넣지 않으면 안 되는 것이다. 또한 명예도 잃어서는 안 되는 것이다."라고 말하고 있다. 이 경구는 "그러나 명성은 스스로 추구하여 손에 잡히는 것이 아니다. 명성은 사람들로부터 자연스럽게 주어져야 한다."라고도 말하고 있다.

하긴 이런 책을 쓰는 나 자신도 명성을 추구하고 있는지 모르겠다. 인간이라면 아이나 어른이나 할 것 없이 사람들로부터 인정받고 싶어 한다. 그래서 탈무드에서는 이렇게 말하고 있다.

"명성을 추구하여 쫓아가는 자는 명성을 따라잡지 못한다. 그러나 명성으로부터 도망쳐 달아나는 자는 명성에 의해 붙잡히게 된다."

편역자 주 유대인은 특별히 명예를 중요하게 여긴다. 그래서 직업도 랍비, 교수, 교사 등 남을 가르치는 직업을 더 존경한다. 이것은 성경의 교훈을 따른 것이다. 많은 재물보다 명예를 택할 것이오, 은이나 금보다 은총을 더욱 택할 것이니라"(잠 22:1). 그러나 이 글에서 저자가 말하고자 하는 바는, 명예 자체는 중요한 가치지만 그것을 인위적으로 갖기 위한 명예욕이 지나치면 모든 것을 잃을 수도 있다는 경고다. 그래서 명예는 내가 얻는 것이 아니고, 남이 얻게 해 주어야 한다는 것이다. 그렇게 하기 위해 어떤 처세술이 필요한지 저자는 말하고 있다.

자기 죄를 남에게 전가하지 마라

'욤키퍼(대속죄일)'의 날에 모든 유대인들은 자신이 범한 죄와 마주 대하게 된다. 이날에는 죄를 고백하고 용서를 빈다. 용서를 구하기 위해서 기도한다.

그러나 요즘에 와서는 죄를 단순히 종교적 측면에서 취급하는 일은 줄어들고 있다. 일찍이 고대에는 죄를 용서받기 위해 제단에 제물(희생의 제물)을 바쳤다. 죄는 제단 위에서 탄핵된다. 죄인은 하나님의 노여움을 산다.

그러나 근대에 와서 인간은 하나님보다도 인간에게 더 관심을 갖게 되었다. 이와 같은 새로운 토양에서 행동과학이 생겨나고, 죄도 이런 각도에서 다루어졌다. 예를 들면 경제학자는 죄의 원인을 사회의 경제구조에서 찾는다. 죄는 경제적 욕망에서 생겨나는 것만이 아니라, 강한 자가 약한 자를 수탈하거나 경제적인 부정 속에서 생겨나는 것이라고 규정한다.

물론 경제학자가 발견한 이와 같은 사실도 무시할 수는 없을 것이다. 성경에는 "사람은 빵만으로 살 수 없다."라고 쓰여 있다. 그러면서도 성경은 동시에 인간은 빵으로 살아가는 존재임을 인정한다.

물질적 혜택을 받지 못한 사람은 죄를 범하기 쉽다. 빈곤은 범죄를 기른다. 가난은 아름다움이나 지적인 것들에 대한 관심을 잃어버리게 한다. 굴욕감은 자포자기하게 만든다. 반대로 물질적으로 너무 풍요로운 혜택을 받는 사람도 더 한층 큰 유혹을 만나 더욱 탐욕적인 죄를 범하기 쉽다. 쾌락의 대부분은 죄가 되기 쉽고 죄의 대부분은 쾌락에 원인이 있다.

사회학자들도 죄의 원인을 규명했다. 그들은 빈민가나 가정불화로 일어나는 범죄 등 많은 사회 환경을 죄의 원인으로 삼고 연구하고 있다. 물론 그들의 연구를 무시할 수는 없다. 확실히 사회 환경에 따라 좋은 일과 나쁜 일의 기준이 바뀔 수도 있을 것이다. 주거 환경이 나쁘다, 교육의 질이 나쁘다, 좋은 직업을 얻지 못한다, 소수민족으로서 차별을 받는다, 정치가 부패한다 등은 모두 죄를 낳기 쉬운 사회를 만든다.

심리학자들도 죄의 원인을 규명해 보았다. 예를 들면 어렸을 때에 어떠한 교육을 받아 왔는가 등으로 의식 속에 있는 무의식을 조사하여 죄를 저지를 원인을 밝혀내고자 하였다. 확실히 이와 같은 심리학 분야의 연구도 중요하다. 이상에서 언급한 분야에는 유대인 학자들이 많다. 유대인의 전통에서는 미지의 분야에 초점을 맞추는 것이 적극 장려되고 있다.

그러나 그와 동시에, 죄는 개인의 문제다. 최종적으로는 개인의 책임 아래에서 생기는 것이다. 유대인들은 이런 사고방식을 버린 적이 없었다. 죄는 태어나면서부터 인간에게 주어지는 것이 아니며 사회 환경에 의해 강요되는 것도 아니다.

그렇다면 죄는 다른 것에 의해 조종되는 것도 아니고 자신 속에 존재하지 않는 것도 아니다. 자부심은 자신이 완전히 확립된 데서 출발한다. 죄는 결국 개인 스스로 만들어

내는 것이다.

만일 과학적인 연구가 개인의 책임감을 희박하게 만든다면 그것은 대단히 유감스러운 일이다. 인간은 타인에 의해서 조종될 수 있는 그런 약한 존재가 아니다. <small>편역자 주</small> 저자의 의도는 본인의 마음이 타락하지 않았다면 위의 여러 가지 학자들이 말하는 나쁜 환경 아래에서도 죄를 짓지 않을 수 있다는 것이다. 즉 마음의 문제는 종교의 문제인데 현대는 죄의 근본을 다루는 종교를 피하고 현상적인 것에 너무 치우치는 것이 문제라는 뜻이다.

탈무드나 유대 잠언집에서 죄나 부정에 관한 명언들을 모아 본다면 예상대로 놀라운 것들이 많다. 유대인의 중용적인 사고방식을 여기에서도 엿볼 수가 있다.

- 근거 없는 증오는 최대의 악이다.
- 죄를 범한 자는 아무도 쫓아오지 않는데도 도망친다.
- 침묵은 고백과 같을 수도 있다.
- 나쁜 일도 선행도 같은 손이 한 일이다.
- 악의 충동(evil impulse)은 인간에게 도움이 되는가?

도움이 된다. 왜냐하면 악의 충동이 전혀 없다면 인간은 아무도 집을 짓거나, 아내를 얻거나, 아이들을 낳거나, 사업에 정력을 쏟지 않을 것이다.

편역자 주 편역자는 여기에서 물질, 명예, 식욕 및 성적 욕구를 '악의 충동'이라고 표현했는데 이것은 탈무드적 표현이다. 이것은 육의 기본 욕구(flesh)로 보아야 한다. 하나님이 그 자체를 인간에게 선물로 주셨기 때문이다. 문제는 그것을 하나님의 영광을 위해 선하게 사용하느냐, 아니면 자신의 육적 쾌락만을 위해 악하게 사용하느냐에 따라 선이냐 악이냐가 가려진다.

작은 부속품 하나

　　　　　　　　인생은 어떤 일에서도 배울 점이 있다. 젊어서 갓 결혼했을 무렵 우리 부부는 장인과 함께 살았다. 장인은 시계수리점을 했다. 어느 날 유명한 랍비를 만나기 위해 여행을 가고 싶었는데 돈이 필요했다. 그래서 장인어른께 이렇게 말했다.

"제게 5달러만 주신다면 아버님께서 애먹고 있는 시계를 제가 고쳐 드리겠습니다."

장인어른은 수긍이 갔던지 손목시계 하나를 건네 주셨다. 나는 시계를 분해하고 조심스럽게 어디가 고장이 났는지 돋보기를 이용하여 찾았다. 얼마 후 나는 작고 가느다란 털과 같은 스프링이 뒤틀려 있는 것을 발견했다. 그래서 나는 장인어른께 가서 새 부속품을 받아다가 그것을 바꿔 넣었다. 그러자 시계는 가벼운 소리를 내며 다시 돌아가기 시작했다.

그때 나는 한 가지 사실을 깨달았다.

"이렇게 작은 부속품 하나지만, 시계를 멈추게 만드는구나. 인간의 마음도 극히 작은 일부분일망정 헝클어져 버린다면 올바르게 사물을 볼 수 없게 되는 것이 아닐까."

이와 같이 비록 작은 사건이지만 내게는 지금까지도 여러 가지 인생의 지혜를 가르쳐 주고 있다.

과욕의 결과

오늘날 사람들이 직면한 가장 큰 문제는 너무나 물질적인 이익에 마음을 빼앗기고 있는 것이라고 본다. 동유럽에 사는 유대인들 사이에서 전해지는 이야기다.

어느 날 폴란드의 귀족이 유대인 소작인에게 땅을 그냥 주겠다고 했다. 그 대신 한 가지 조건을 달았다. 아침에 해가 뜨자마자 걷기 시작하여 해가 지기 전까지 소작인이 걸은 경계만큼의 땅을 공짜로 주겠다는 것이었다. 그러니 소작인은 해지기 전까지 출발점으로 돌아와야 했다. 만일 그가 일몰 전까지 출발점으로 돌아오지 못한다면 그는 아무것도 얻을 수가 없었다.

소작인은 일생에 한 번뿐인 기회라고 생각하며 걷기 시

작했다. 냇물을 건너고, 숲을 지나 귀족의 소유지인 넓은 들판을 걸었다. 얼마 후 태양이 머리 위에까지 떠올랐다. 그것은 슬슬 돌아가지 않으면 안 된다는 표시였다.

그는 더욱 빠른 걸음으로 가능한 한 멀리까지 갔다. 이윽고 태양이 기울기 시작했다. 그러자 그는 드디어 돌아갈 결심을 했다. 뛰어서 돌아가기로 했던 것이다. 태양이 언덕 너머로 가라앉기 시작하자 그는 괴로운 숨을 헐떡거리면서 필사적으로 달렸다. 그리고 해가 막 지려고 할 때 가까스로 출발점으로 돌아올 수가 있었다. 하지만 그 순간 소작인은 쓰러져 숨을 거두고 말았다. 귀족은 의미 있는 미소를 짓더니 사람을 시켜 소작인을 묘지로 운반하여 그곳에 묻었다. 결국 소작인이 얻은 것은 자기 몸을 눕힐 만한 땅뿐이었다.

이 이야기는 지나치게 물질적 욕망에 사로잡히면 결국 아무것도 얻지 못한다는 것을 말해 주고 있다. 어른들이 아이들에게 자주 들려주는 이야기다.

충고

매우 바쁜 한 해를 보냈다. 정든 뉴욕 근처의 그레이트네크를 떠나 숙원이던 이스라엘로 이주했기 때문이다. 그 사이에 제2차 세계대전 중의 비화를 다룬 책이 출간되었고 일본어로도 번역되었다.

책을 쓸 때마다 나는 그 책이 마지막이라고 생각하지만, 책을 쓴 뒤 독자들로부터 매주 수통의 편지를 받고 있고 그 중에는 동양의 독자들도 있다. 편지를 보내는 사람이나 편지의 내용도 가지각색이다. 그러나 그들 모두 동양의 현상에 대해 또는 오늘날의 생활방식에 대해 걱정하고 있다.

나는 이러한 독자의 요구에 답하기 위해 또 다시 펜을 들기로 했다. 동양인, 특히 선진적인 동양인들은 불안에 사로잡혀 있다. 이러한 불안이 존재하는 것은 몹시 언짢은 일이다. 오늘날 동양은 키를 잃은 배와 비슷하다. 동양인은 표류하고 있는 배에 타고 있는 것과 마찬가지다. 이런 상황이기 때문에 유대인의 지혜를 요구하는 독자가 적지 않은 모양이다. 히브리 어로 '충고'라는 말은 '뱃사람'이라는 뜻이다. 배가 가는 방향을 가리키기 때문이다.

유대인이 고전을 배우기 전에 외우는 기도문이 있다. 기도를 하면 명쾌한 사고를 할 수 있고 올바르게 사물을 볼 수 있다. 얼마 전에 이 책을 쓰면서 나의 뇌리 속에 있던 것은 오랜 친구인 아브라함 J. 코헨 박사다. 코헨 박사는 루마니아 태생으로 세 살 때 일본 나가사키에 왔다. 마침 20세기가 시작될 무렵이었다. 그는 일본 학교에서 교육을 받았고 외국에서 공부한 일은 없었다.

코헨 박사는 교토 대학 의학부를 졸업하고 일본 여성과 결혼했지만 부인은 일찍 세상을 떠났다. 그런데 코헨 박사는 일본인의 마음을 가지고 있다고 생각한다. 그러나 그는 역시 유대인이었다. 자신이 유대인이라는 것을 자랑으로 여기고 있었다. 그렇다 해도 문화면으로는 일본으로부터 많은 영향을 받았다. 편역자 주 유대인의 성 중에 '코헨'이 있다. 그들

은 모세의 형 아론의 자손이다. 구약 시대에는 아론의 후손들이 제사장이었다. 따라서 제사장을 히브리 어로 '코헨님'이라 부른다. 그래서 '코헨'이란 이름을 가진 모든 유대인은 제사장의 후예라고 생각하면 된다.

나는 그와 오랫동안 함께 지냈다. 그리고 그로부터 많은 것을 배웠다. 나는 6년 동안 일본에 머물렀다. 그래서 일본인을 비롯한 동양인에 대해 깊은 경의를 표하며 친밀감도 느끼고 있다. 만일 내가 이 책을 통해 동양인들에게 도움을 줄 수 있다면 정말 다행한 일이라 생각하며, 또 그러기를 바라고 있다.

내가 머물던 6년 동안 일본은 정말 눈부시게 발전하여 세계적인 화젯거리였다. 그러나 일본의 경제 발전이 알려지고 평가를 받으면서 질투를 느끼거나 화를 내는 사람도 있다. 일본 그 자체를 미워하는 사람도 있다.

동양인이 국제 사회에 참가하게 된 것은 최근의 일이다. 또한 일본인이 개인의 존재를 의식하게 된 것도 마찬가지로 최근의 일이다. 그래서 자신이 어떤 식으로 살아가야 할지 잘 모르는 것 같다. 이러한 시련을 헤쳐나가야 하는 동양인들에게 유대인의 오랜 체험 가운데에 참고가 될 만한 일이 많을지도 모른다. 유대인은 5천 년 이상의 역사를 지닌 민족이다. 세계의 민족 가운데 유대인만큼 많은 고난과 시련을 겪은 민족은 없다. 개인도 마찬가지다. 나라가 없이 자신의 힘으로 운명을 개척해 나가지 않으면 안 되었다.

그래서 동양인에게는 우리의 체험이 도움이 되리라고 생각한다. 유대 민족은 중동에서 태어난 아시아인이기도 하다. 나는 2차 세계대전 중의 비화를 다룬 책을 써서 상당한 반응을 불러일으켰지만, 그 가운데에는 전쟁 중에 두 사람의 유대인 랍비가 도쿄에서 일본의 해군장교들로부터 일본의 맹방이었던 독일이 왜 그렇게 유대인을 싫어하느냐는 질문을 받는 광경을 그리고 있다.

그것은 실화다. 이때 두 사람의 랍비는, 유대인이 아시아인이기 때문에 나치가 싫어한다고 답하고 있었다. 따라서 유대인은 아시아인이기 때문에 동양의 독자들에게도 친밀감이 있을 것이다.

이 책에서도 언급했지만 유대인은 이 세상에서 실패를 기념하는 유일한 민족이다. 기념한다는 것은 유대인에게

힘을 주는 것이다. 다른 민족들은 그리스인이건 로마인이건 성공만을 기념한다. 반면 유대인을 예로 들면 '티샤 바브'의 기념일이 가까워짐에 따라 가슴 아파하는 마음을 더욱 굳게 한다. 기념일이 오기 석 달쯤 전부터, 유대 국가가 파괴되고 예루살렘이 불태워진 날을 가슴 아파하기 시작한다. 3개월 전에는 크게 가슴 아파하지는 않는다. 그러나 2개월, 1개월로 가까워짐에 따라서 이 기념일을 가슴 아파하는 표현이나 기도와 말이 점점 강해진다. 그리고 기념일 당일이 되면 그것은 절정에 달한다. 편역자 주 '티샤 바브'란 말은 유대력의 아브(Av)월 9일째(tishah) 되는 날을 일컫는다. 이상하게도 바빌론과 로마에 의해 성전이 파괴된 두 날이 똑같은 아브월 9일이었기 때문에 그날의 고난을 기억하기 위한 절기다. 더 자세한 것은 《IQ는 아버지 EQ는 어머니 몫이다》(쉐마, 2005) 제3권 제7부 고난의 역사교육 중 4장 I. 1. B. '티샤 바브(Tishah B'Av)' 참조.

이것은 유대인이 가족이나 친한 사람들을 잃었을 때 가장 슬퍼하고 가슴 아파하는 것과는 정반대다. 부모가 돌아가시고 처음 30일 동안 상복을 입고, 그 후 1년 동안 일상생활을 하면서 죽음을 애도하지만 그 후의 생활은 정상적으로 되돌아온다. 상복을 입을 때에는 슬픔의 정도가 강하다가 차츰 약해진다.

그러나 민족적인 비극에 즈음해서는 이 순서가 반대가 된다. 즉 민족적인 비극 쪽엔 많은 사람이 포함되므로, 그만큼 중대한 일로 받아들여진다.

동양에서도 어떤 나라는 이렇게 민족적인 비극을 기념하는 방향으로 움직이는 경향이 있다. 그러나 유대인의 전통이 가르치고 있는 것처럼, 인류나 민족도 결국은 한 사람의 인간으로부터 비롯되었다. 한 사람의 인간이 사는 방식이 키포인트인 것이다. 좋은 지역 사회, 살기 좋은 나라, 보다 좋은 세계를 만들기 위해 우선 한 사람으로부터 시작하지 않으면 안 된다.

교육혁명이 시작되었습니다!

자녀교육 + 교회 성장 고민하지요?

Q 1: 왜 현대 교육은 점점 발달하는데 인성은 점점 더 파괴되는가?
Q 2: 왜 자녀들이 부모와 코드가 맞지 않아 갈등을 빚는가?
Q 3: 왜 대학을 졸업하면 10%만 교회에 남는가? 교회학교의 90% 실패 원인은?
Q 4: 미주 한인교회는 왜 남은 10%마저도 부모가 다니는 교회를 섬기지 않는가?
Q 5: 왜 현대인에게 전도하기가 힘든가?

근본 대안은 유대인의 인성교육과 쉐마교육에 있습니다

- 어떻게 유대인은 위의 문제를 4200년간 지혜롭게 해결하고 세계를 지배하고 있는가?
- 어떻게 유대인은 아브라함 때부터 현재까지 세대차이 없이 자자손손 말씀을 전수하는 데 성공했나?

■ 쉐마교육연구원은 무슨 일을 하나?

1. 2세 종교교육 방향제시
혼돈 속에 있는 2세 종교교육의 방향을 성경적이고 과학적인 연구에 의해 옳은 방향으로 제시해준다.

2. 성서적 기독교교육 재정립
유대인 자녀교과와 기존 기독교교육 자료를 중심으로 백년대계를 세울 수 있도록 한국인에 맞는 기독교교육 방법을 재정립한다.

3. 한국인에 맞는 기독교교육 자료(내용) 개발
현 한국 및 전 세계 한국인 디아스포라를 위해 한국인의 자녀교육에 맞는 기독교교육 내용을 개발한다.

4. 해외 및 국내 기독교교육 문제 연구
시대와 각 지역 문화의 변화에 대처하기 위해 계속 연구할 것이다.

5. 교회교육 지도자 연수교육
각 지교회의 부족한 교회교육 지도자를 양성 보충하며 기존 지도자의 필요를 충족시켜준다.

6. 청소년 선도 교육 실시
효과적인 청소년 교육 프로그램을 개발하여 선도교육을 실시한다.

7. 효과적 성서 연구 및 보급
성서를 교육학적으로 보다 깊이 연구하고 효과적인 전달 방법을 개발하여 이를 보급한다.

8. 세계 선교 교육
본 교육연구원의 교육이념과 자료가 세계 선교로 이어지게 한다.

■ 쉐마지도자클리닉이란 무엇인가?

쉐마교사대학은 세계 최초로 현용수 교수(Ph. D.)에 의해 설립된, 인간의 인성과 성경적 쉐마를 가르치는 인성교육 전문 교육기관이다. 본 대학에서 가르치는 핵심 교육의 내용 역시 현 교수가 하나님이 주신 지혜로 개발한 것들이며, 거의 모두가 세계 최초로 소개된 인성교육의 원리와 실제를 함께 가르치는 성경적 지혜교육이다.
'쉐마지도자클리닉'은 전체 3학기로 구성되어 있다. 1주 집중 강의 형식으로 3차에 걸쳐 진행된다. 제1학기에는 '유대인을 모델로 한 인성교육 노하우', 제2학기에는 '유대인의 쉐마교육'이 각 지역에서 진행된다. 제3학기는 '유대인의 인성 및 쉐마교육 미국 Field Trip'으로 미국 L.A.에서 현용수 교수의 강의를 듣고 이어 유대인 박물관, 정통파 유대인 회당 및 안식일 가정 절기 견학 등 그들의 성경적 삶의 현장을 둘러보고, 정통파 유대인 랍비의 강의, 서기관 랍비의 양피지 토라 필사 현장을 체험하며, 현지에서 졸업식으로 마친다.
3학기를 모두 마친 이수자에게는 졸업 후 쉐마를 가르칠 수 있는 'Teacher's Certificate'를 수여하여 자신이 섬기는 곳에서 쉐마교육을 할 수 있도록 도와준다.

■ 누가 참석해야 하나?

· 기존 교육에 한계를 느끼고 자녀교육과 교회학교 문제로 고민하는 분.
· 한국 민족의 후대교육을 고민하며 그 대안을 간절히 찾고자 하는 분.
· 하나님의 말씀을 자손에게 물려줄 수 있는 비밀을 알고자 하는 분.
· 유대인의 효도교육의 비밀과 천재교육+EQ교육의 방법을 알고자 하는 분.

미국: 3446 Barry Ave. Los Angeles, California 90066 USA
쉐마교육연구원 (310) 397-0067, Fax. (310) 397-6621

한국: 02)464-9849(도서출판 쉐마) Fax. (02) 464-9850
www.shemalQEQ.org shemaiqeq@hanmail.net

IQ · EQ 박사 현용수의
유대인 자녀교육 총서

	인성교육론 시리즈	쉐마교육론 시리즈	탈무드 시리즈
1	인성교육론 + 쉐마교육론의 총론: IQ는 아버지 EQ는 어머니 몫이다 전3권		탈무드 1 : 탈무드의 지혜 (원저 마빈 토카이어, 편저 현용수)
2	현용수의 **인성교육** 노하우 1 - 인성교육이란 무엇인가 -	부모여, 자녀를 제자 삼아라 전2권 - 유대인 자녀교육이 필요한 이유 -	탈무드 2 : 탈무드와 모세오경 (이하 동)
3	현용수의 **인성교육** 노하우 2 - 인성교육의 본질과 원리 -	잃어버린 구약의 지상명령 쉐마 전3권 - 교육신학의 본질 -	탈무드 3 : 탈무드의 처세술 (이하 동)
4	현용수의 **인성교육** 노하우 3 - 인성교육과 EQ + 예절 교육 -	유대인 아버지의 4차원 영재교육 - 아버지 신학 -	탈무드 4 : 탈무드의 생명력 (이하 동)
5	현용수의 **인성교육** 노하우 4 - 다문화 속 인성 · 국가관 -	자녀들아, 돈은 이렇게 벌고 이렇게 써라 - 경제 신학 -	탈무드 5 : 탈무드 잠언집 (이하 동)
6	**문화와 종교교육** - 박사 학위 논문을 편집한 책 -	자녀의 효도교육 이렇게 시켜라 전3권 - 효 신학 -	탈무드 6 : 탈무드의 웃음 (이하 동)
7	IQ · EQ박사 현용수의 **쉐마교육 개척기** - 자서전 -	신앙명가 이렇게 시켜라 전2권 - 가정 신학 -	옷을 팔아 책을 사라 (원저 빅터 솔로몬, 편저 현용수, 쉐마)
8	**가정해체**로 인한 **인성교육** **실종 대재앙**을 막는 길 - 논문 -	성경이 말하는 남과 여 한 몸의 비밀 - 부부 · 성 신학 -	
9		성경이 말하는 어머니의 EQ 교육 전2권 - 어머니신학 -	
10		한국형 주일가정식탁예배 예식서, 순서지 - 가정예배 -	
11		하나님의 독수리 자녀교육 - 고난교육신학 1 -	
12		유대인의 고난의 역사교육 - 고난교육신학 2 -	
13		승리보다 패배를 더 기억하는 유대인 - 고난교육신학 3 -	

이런 순서로 읽으세요 (전38권)

인성교육론과 쉐마교육론

- 전체 유대인 자녀교육에 대한 개론을 알려면
  - **《IQ는 아버지 EQ는 어머니 몫이다》**(전3권)
- 유대인을 모델로 한 인성교육의 원리를 이해하려면
  - **《현용수의 인성교육 노하우》**(전4권)
- 인성교육론이 나오게 된 학문적 배경을 이해하려면
  - **《문화와 종교교육》**(현용수의 박사 학위 논문)
  - **《IQ · EQ 박사 현용수의 쉐마교육 개척기》**(현용수 박사의 자서전)
- 왜 기독교교육에 유대인의 선민교육이 필요한지를 알려면
  - **《부모여 자녀를 제자 삼아라》**(전2권)
- 쉐마교육론(교육신학)이 나오게 된 성경의 기본 원리를 알려면
  - **《잃어버린 구약의 지상명령 쉐마》**(전3권)
    (쉐마와 자녀신학이 포함됨)
- 가정 해체와 인성교육과의 관계를 알려면
  - **《가정 해체로 인한 인성교육 실종 대재앙을 막는 길》**
- 대한민국 자녀의 이념교육 교재
  - **《유대인이라면 박근혜의 위기 어떻게 극복할까》**

각 쉐마교육론을 더 깊이 연구하려면 다음 책들을 읽으세요

- 아버지 신학 **《유대인 아버지의 4차원 영재교육》**
- 경제 신학 **《자녀들아, 돈은 이렇게 벌고 이렇게 써라》**
- 효 신학 **《자녀의 효도교육 이렇게 시켜라》**(전3권)
- 가정 신학 **《신앙명가 이렇게 세워라》**(전2권)
- 부부 · 성 신학 **《성경이 말하는 남과 여 한 몸의 비밀》**
- 어머니 신학 **《성경이 말하는 어머니의 EQ 교육》**(전2권)
- 가정예배 **《한국형 주일가정식탁예배 예식서》**(별책부록: 순서지)
- 고난교육신학 1 **《하나님의 독수리 자녀교육》**
- 고난교육신학 2 **《유대인의 고난의 역사교육》**
- 고난교육신학 3 **《승리보다 패배를 더 기억하는 유대인》**

앞으로 더 많은 교육 교재가 발간될 예정입니다. 계속 기도해 주세요.